ENCICLOPEDIA JUVENIL PARA MENTES CURIOSAS
¿CUÁNTO DURA UN AÑO LUZ?

AF238267

Título original: *Quanto è lungo un anno luce?*
Pierdomenico Baccalario y Federico Taddia con Raffaella Schneider
Ilustraciones: Elena Triolo
© 2022 Editrice Il Castoro, S. R. L., Milano - www.editriceilcastoro.it
Los derechos han sido negociados a través de Ute Körner Literary Agent – www.uklitag.com
Colaboración en la redacción del texto: Filippo Taddia
Idea de Book on a Tree Ltd. www.bookonatree.com
Coordinación del proyecto:
Manlio Castagna (Book on a Tree),
Andreina Speciale (Editrice Il Castoro)
Edición: Giusy Scarfone
Coordinación editorial: Alessandro Zontini
Proyecto gráfico y maquetación: Chialab

Este libro ha sido traducido gracias a una subvención del Ministerio de Asuntos Exteriores
y de la Cooperación Internacional italiano.
*Questo libro è stato tradotto grazie a un contributo del Ministero degli Affari Esteri
e della Cooperazione Internazionale italiano.*

© 2025 BOLDLETTERS, S. L. de la presente edición en castellano para todo el mundo
Ganduxer 5, Local 6 – 08021 Barcelona
www.bold-letters.com
info@bold-letters.com
Instagram:@boldletterseditorial
Traducción a cargo de Marià Pitarque y Marc Figueras (La Letra, S. L.)
Adaptación, corrección y realización en castellano: La Letra, S. L.
Este libro forma parte de la serie de Boldletters «Enciclopedia juvenil para mentes curiosas».

Primera edición: febrero de 2025
ISBN: 978-84-18246-82-1
Depósito legal: B 23501-2024

Impresión: Unigraf, S. L.
Impreso en España

Esta edición utiliza papeles fabricados con fibras naturales, renovables
y reciclables a partir de maderas procedentes de bosques
que se acogen a un sistema de explotación sostenible.

PEFC

PEFC/14-38-00315

UNIGRAF, S. L. tiene
una Cadena de
Custodia certificada
PEFC

Pierdomenico BACCALARIO
Federico TADDIA

con Raffaella SCHNEIDER

¿CUÁNTO DURA UN AÑO LUZ?

Traducción de
Marià Pitarque y
Marc Figueras

Ilustraciones de
Elena TRIOLO

¿

ÍNDICE

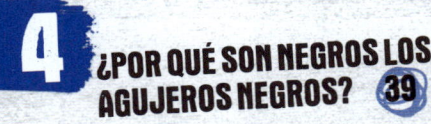

¿CÓMO DE GRANDE ERA EL BIG BANG?

¿Te imaginas algo más grande que el universo? Qué va... Es tan enorme que nadie sabe exactamente cuánto mide.

Sin embargo, hace solo 13.800 millones de años podrías haberlo guardado en tu bolsillo porque era muy pero que muy pequeño (bueno, suponiendo que por aquel entonces tuvieras un bolsillo).

En resumen: todo lo que ahora se puede observar en el cielo infinito era tan pequeño, tan cercano y tan concentrado que superaba cualquier idea que tengas de «pequeño».

Más pequeño que lo más pequeño.

(Y os preguntaréis... ¿qué pinta una vaquita en el universo? Lo descubriremos pronto...)

Más estrujado que un zumo.

Un denso revoltijo de materia comprimida, todo empujando a un lado y otro, arriba y abajo, en un intento por salir.

Un poco como lo que pasa en tu mochila cuando vas de *camping,* con la diferencia de que en ese microuniverso de bolsillo no había el mismo olor a calcetines sucios; en cambio, hacía un calor de mil demonios. Millones de veces más de lo que se necesita para cocinar una pizza.

Por supuesto, no es fácil de imaginar, pero no te preocupes: si tu cerebro ya está a punto de explotar y tu cabeza gira como un *hula-hoop,* es que vas por buen camino. Y ya que estamos, anota la dirección de alguna agencia espacial, por si acaso.

El universo en tres minutos

¡PATAPUM!

Espera, espera… Pronto hablaremos de estruendos gigantescos que te romperán los tímpanos, no lo dudes. Pero el hecho de que el origen del cosmos se llame Big Bang no debería engañarte.

Si pudiéramos desenrollar mágicamente la alfombra del tiempo desde aquel lejano día hasta hoy, no habría un estallido inicial, con todo lo que sigue, sino una fase inicial de gran expansión, seguida de un alejamiento progresivo e incansable de todos los elementos del universo, unos respecto a otros.

LA GRAN ESTUPIDEZ DE LA «TEORÍA DEL GRAN PATAPUM»

En 1949, invitaron al físico y astrónomo británico Fred Hoyle a un programa de radio de la BBC para explicar por qué consideraba que la teoría del nacimiento del universo era un inmenso disparate, y para burlarse de ella la llamó «teoría del gran patapum» (*big bang theory*).

Para ridiculizar a los partidarios de esa teoría, acababa de inventar el nombre más conocido de la historia de la astronomía (¡que también se convertiría en el título de una serie de televisión muy famosa!).

DETECTOR DE IRONÍA

¡ACTIVO!

No se trata, pues, de una simple explosión, ni de un brevísimo momento de locura cósmica, sino de una expansión muy rápida y luego de otra más lenta, acompañada de un enfriamiento gradual.

Más o menos como cuando te sirven un plato de arroz humeante y tú, sabiamente, lo desgranas con un tenedor antes de llevártelo a la boca; es decir, separas los granos unos de otros y, al hacerlo, lo enfrías.

Con una pequeña diferencia: el arroz deja de expandirse en un momento determinado, a menos que tengas un plato infinitamente grande; el universo no, y sigue creciendo y creciendo más, incluso hoy, ante nuestros propios ojos.

¿Cómo? ¿Que cuánto duró todo? Puede que te parezca absurdo, pero todo se formó en apenas tres minutos. Tres minutos de auténtico caos. Ciento ochenta segundos fundamentales para dar origen a todas las partículas elementales, aquellas que forman la materia necesaria para la construcción de cada pedazo del universo (estrellas, planetas, seres vivos), pero también las antipartículas de antimateria.

«Bastaron ciento ochenta segundos para que nacieran todas las partículas elementales.»

UNAS MATERIAS ALGO OSCURAS

MATERIA

La materia es todo aquello que es capaz de ejercer una fuerza gravitacional. La llamada *bariónica* es la más «normal», de la que estás hecha incluso tú. Está integrada por átomos (por bariones, partículas subatómicas de tres quarks) y forma las estructuras visibles del cosmos, aunque estas representan en realidad una parte relativamente pequeña del conjunto del universo.

De qué está hecha: átomos, que a su vez están hechos de partículas más pequeñas: neutrones, electrones y protones.

Para qué sirve: para formar átomos, moléculas, estrellas y planetas.

Refleja la luz: ¡sí!

ANTIMATERIA

Es como la materia, pero con algunas propiedades al revés (opuestas), como la carga eléctrica. Para cada elemento de materia del universo existe también su contraparte de antimateria. Si se encuentran, se anulan mutuamente y producen algo de energía. Tú también tienes un poquito dentro de ti (y si quieres estar segura, puedes ingerir algunos átomos cada vez que comes un plátano).

De qué está hecha: positrones, antiprotones.

Para qué sirve: para destruir la materia.

Refleja la luz: ¡sí!

MATERIA OSCURA

Es una materia que no interactúa con la luz y por tanto no puede ser vista. Pero sí interactúa con la gravedad. En el universo está cinco veces más dispersa que la materia normal y, de hecho, es la que da la forma a las galaxias.

De qué está hecha: no lo sabemos.

Para qué sirve: para añadir masa a las galaxias.

Refleja la luz: ¡ni por asomo!

ENERGÍA OSCURA

Es la energía que hace que el universo se expanda a una velocidad cada vez mayor, y su naturaleza sigue siendo en gran medida un misterio. Si la materia oscura tiende a agregar la materia, la energía oscura tiende a disgregarla.

De qué está hecha: no lo sabemos.

Para qué sirve: para expandir el universo.

Refleja la luz: ¡qué va!

Con tres pistas tenemos una prueba

Sin embargo, si esta teoría de la explosión no te convence (porque, al fin y al cabo, ¿cómo vamos a saberlo si ninguno de nosotros estuvo allí para verlo?), te alegrará saber que los astrofísicos, un poco como los Sherlock Holmes del cosmos, han recopilado tres pistas que nos dicen que esto sucedió de verdad. Es como un caso sin resolver de hace miles de millones de años.

Su método de investigación se parece al que seguiría un detective: los científicos observan el universo de hoy y buscan pruebas de que la teoría del Bing Bang sea válida.

PRIMERA PISTA: EN EL UNIVERSO HAY MUCHÍSIMO HELIO. MÁS DEL QUE PRODUCEN LAS ESTRELLAS. LOS NÚMEROS SOLO CUADRAN SI TODO ESTE HELIO VIENE DEL MEOLLO PRIMORDIAL.

SEGUNDA PISTA: EN EL UNIVERSO HAY UNA RADIACIÓN DE FONDO. SE GENERÓ EN EL MOMENTO DE LA PRIMERA «EXPLOSIÓN» Y DESDE ENTONCES SIGUE POR AHÍ Y LA DETECTAMOS.

TERCERA PISTA: AHORA SOMOS CAPACES DE MEDIR CÓMO SE EXPANDE EL UNIVERSO Y APLICAR ESE MODELO HACIA ATRÁS HASTA ENCONTRARNOS CON EL BIG BANG INICIAL.

Que algunos elementos como la radiación o el helio (si no sabes lo que es puedes consultar, en esta misma serie, *¿De que está hecho el mundo?*) sean tan abundantes solo se explica si se han originado por la explosión de ese punto en donde estaba concentrado todo el universo (el «meollo primordial»). A partir de ahí, es como si proyectáramos una película hacia atrás para llegar a la misma escena inicial.

LA SEGUNDA PISTA Y LA CACA DE LAS PALOMAS

En 1964, Arno Penzias y Robert Wilson, dos investigadores de los Laboratorios Bell, intentaron calibrar una gran antena de radio para telecomunicaciones, pero siempre había interferencias que no conseguían saber de dónde venían. Pensaron que era culpa de la caca de paloma que se había acumulado en la antena; la limpiaron, pero nada.

Sin saber qué más hacer, pensaron en medir la temperatura de esta radiación. Y así se dieron cuenta de que la interferencia no era un error, sino la huella residual del Big Bang. Y ganaron el Premio Nobel. ¡Como siempre, que se te cague una paloma encima trae buena suerte!

Expande, expande... ¿y luego?

Si tienes un globo en casa, corre a buscarlo. Pinta algunos puntos en él.

Ahora hínchalo. ¿Qué notas?

Así es, los puntos que estaban más juntos en el globo desinflado se alejan gradualmente entre sí a medida que el globo se «expande».

Ahora imaginemos el asombro del señor Edwin Hubble cuando, en la década de 1920, desde su observatorio en California observó que las galaxias se comportaban en el espacio exactamente como los puntos de tu globo: cuanto más alejadas estaban unas de otras, más rápido se alejaban.

CRONO-LOGÍA

Miles de millones de años... como si nada

Hace 13.000 millones de años

Nace nuestra galaxia, la Vía Láctea. Contiene entre 200 y 400 mil millones de estrellas, pero a simple vista solo podemos ver unos pocos miles de ellas.

Hace 13.800 millones de años

Se produce el Big Bang: el universo nace de un núcleo de materia extremadamente denso a una temperatura muy alta. Y comienza a expandirse.

Hace 4.600 millones de años

Después de un proceso que duró casi 80 millones de años, nace el Sol tal como lo conocemos. Se estima que su vida durará unos 10 mil millones de años.

Hace 13.500 millones de años

Después de unos 200-300 millones de años, las moléculas de hidrógeno permiten enfriar las nubes de gas y dar vida a las primeras estrellas.

El universo se expandía ante sus ojos.

Y continúa haciéndolo, arrastrando a cada galaxia como si fuera una inmensa sábana estirada por todos lados.

Ahora puedes desinflar el globo (sobre todo que sea en la oreja de tu hermano, por supuesto) y volver a meterlo en el cajón de los juguetes junto con esa vieja pelota de fútbol, la cometa, el *hula-hoop*... O no, espera, coge el *hula-hoop*, lo necesitarás muy pronto.

Porque todo en el universo, absolutamente todo, incluidas las galaxias, no solo se expande, sino que se mu... se muuu... se muuuuueve sin parar.

Perdona el mugido, pero ¿ya sabes por qué te acompaña la vaquita?, es que nos paseamos por la Vía *Láctea*!

Hace 66 millones de años

Un asteroide de más de 10 kilómetros de diámetro impacta contra la Tierra y forma en México un cráter de unos 200 kilómetros de ancho y 30 kilómetros de profundidad. Se cree que fue determinante en la extinción de los dinosaurios.

Hace 4.500 millones de años

De la nube gaseosa que ha generado el Sol se desprenden corpúsculos formados por granos de polvo con elementos metálicos: de su unión nacen los planetas, incluida la Tierra.

Hace 4.300 millones de años

Tras un impacto con Theia, un planeta del tamaño de Marte, se desprende de la Tierra un fragmento que genera su satélite: la Luna.

2

¿QUIÉN VIVE EN LA VÍA LÁCTEA?

Para ver la Vía Láctea hay que ir, de noche, a un lugar donde haya pocas luces.

El desierto de Atacama en Chile sería genial. Pero si no puedes ir hasta allí, bastará una colina o una playa alejadas de las luces de la ciudad.

Ahora levanta el morro... ¿Qué ves?

Esa franja de estrellas que atraviesa el cielo, como una taza de leche caliente recién derramada, es la Vía Láctea.

¿Te gustaría saber cuántas galletas podrías mojar en esa leche? No le des muuuuuuchas vueltas: la Vía Láctea se llama así por su color claro y «lechoso». Este aspecto le viene de una gran densidad de estrellas que, a simple vista, parecen tan cercanas que resultan indistinguibles unas de otras, como un gran manchurrón de leche. Del establo a las estrellas... o casi.

¿Y cuántas estrellas hay en la Vía Láctea? ¿Y hay solo una galaxia o hay más? ¿Y por qué...?

Para, para... no tan deprisa.

Vayamos paso a paso, ¿vale?

Estamos aquí

«A su derecha e izquierda pueden ustedes ver la Vía Láctea, una galaxia en forma de disco con varios brazos que giran como una espiral alrededor de un centro. Tiene cien mil **AÑOS LUZ** de "longitud" y alberga entre cien y cuatrocientos mil millones de estrellas...».

Si hubiera un guía galáctico probablemente te la describiría así, mientras que tú, tumbada en la última fila del cohete-bus-nave, ya estarías durmiendo, soñando con lograr el récord universal de *hula-hoop* después

GLOSARIO

Un **AÑO LUZ** es la distancia que recorre la luz en el vacío en un año terrestre. Cuidado, no te líes: no es una unidad para medir el tiempo, sino para medir distancias, y corresponde a 9,46 billones de kilómetros.

de haber vencido a un imbatible saturniano en la final (Saturno es el planeta de los anillos).

Pero el problema es que, cuando hablamos del cosmos, no existe un «aquí abajo» y un «allá arriba», un punto de partida y un punto de llegada. Eres un puntito en un planeta que a su vez es un punto, que gira alrededor de una estrella que es un punto, en una galaxia que es una mancha de puntos.

Cuando observas otra galaxia, digamos la más cercana a ti, que es Andrómeda, la ves desde fuera y en su totalidad, como si estuvieras filmando tu casa desde arriba con un dron. Pero cuando contemplas la Vía Láctea, lo haces desde dentro, porque estás dentro de ella, y lo único que ves es una gran densidad de estrellas en la parte central (el disco) y una densidad menor en cuanto alejas la mirada hacia otro lado.

Una raya blanca o un cielo oscuro. Nada más.

DESCIFRAR

Nuestra galaxia vecina, Andrómeda, está a 2,5 millones de años luz de la Tierra, alberga más de un billón de estrellas y tiene un radio de 110.000 años luz.

GUÍA

TELESCOPIOS Y OTRAS «TELESCOSAS»

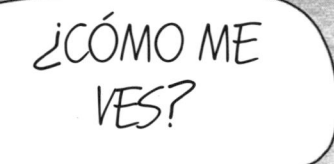

¿CÓMO ME VES?

Hay diferentes tipos de telescopios para observar galaxias, cada uno de ellos capaz de leer un pequeño fragmento de la mucha información que nos llega de ellas.

RADIOTELESCOPIO

Las ondas de radio también se propagan por el vacío y traen consigo información importante. Por ejemplo, cuando una estrella masiva explota, a partir de su núcleo se forma una estrella de neutrones, llamada *púlsar*, que gira y emite señales de radio muy regulares, similares a las pulsaciones de un corazón distante.

TELESCOPIO ÓPTICO

Galileo Galilei lo utilizó por primera vez en el siglo XVII, utilizando unas lentes especiales fabricadas por maestros vidrieros venecianos. Este instrumento muestra la radiación electromagnética visible y la canaliza hacia una lente que magnifica y refina las imágenes distantes. Funciona, en la práctica, como un gran ojo con una visión casi perfecta, pero solo ve lo que también podría ver el ojo humano.

TELESCOPIO DE ULTRAVIOLETAS

Se trata de un telescopio cuya lente es capaz de captar las emisiones UV, los rayos ultravioleta, que viajan con la luz visible (y que tu ojo no registra). La atmósfera terrestre filtra gran parte de la radiación ultravioleta (y menos mal, porque «quema») y, por tanto, la mejor forma de analizarla es poner telescopios en órbita. El más famoso es el telescopio espacial *Hubble*, que trabaja en el espacio desde 1990, a 540 kilómetros sobre el nivel del mar.

TELESCOPIO DE INFRARROJOS

Se usa para observar objetos visibles únicamente en radiación infrarroja, que es una radiación electromagnética con una frecuencia inferior a la de la luz visible. Los infrarrojos atraviesan mejor que otros las extensiones de polvo espacial. Con la radiación infrarroja podemos «ver» el interior de las nubes donde nacen las estrellas.

¿Cómo identificamos las galaxias?

Aunque no le prestes mucha atención, estás acostumbrada al cielo y a las estrellas que hay sobre ti y, si de repente cambiasen, lo notarías. Cuando Magallanes, el portugués que dio la primera vuelta al planeta, se encontró en el hemisferio sur, vio estrellas que no había visto nunca: la constelación de la Cruz del Sur y las Nubes de Magallanes, que en realidad son dos pequeñas galaxias que orbitan alrededor de la Vía Láctea.

GUÍA AL UNIVERSO

Si tuviésemos que salir de viaje para visitar nuestra galaxia, antes tendríamos que concretar qué ver, en sentido literal, ya que lo que nuestros ojos perciben es solo la materia bariónica, es decir, la que forman los átomos, y esta representa solo entre el 5 y el 15 % del universo. El resto es materia oscura (20-25 %) y sobre todo energía oscura (65-70 %), invisible para nosotros. Así que... ¡buena suerte!

Pero, ¿qué es lo que ves cuando miras una galaxia?

Bueno, sobre todo materia; materia bariónica, para ser precisos.

También un resplandor que es la acumulación de la luz de las estrellas que componen esa galaxia. Es un poco como que alguien observe tu casa desde un helicóptero mientras tú enciendes todas las luces que hay dentro.

Esta brillante emisión nos ayuda a entender (más o menos) cuántas estrellas hay en una galaxia (y cuántas bombillas en tu casa) y también su edad.

De hecho, las estrellas más jóvenes son mucho más calientes y emiten radiación teñida de azul; las más viejas se vuelven rojas: las galaxias rojizas tienen estrellas más viejas.

Galaxias por aquí, galaxias por allá

Mira tu pulgar, luego haz lo mismo con el pulgar de tu mejor amigo: notarás que tus huellas digitales son diferentes. Lo mismo ocurre con las galaxias: no hay dos iguales. En primer lugar, porque las galaxias no son estáticas sino que evolucionan, envejecen, mueren y cambian.

Y también porque, a veces, chocan.

La idea es que todo en el universo se formó partiendo de una situación pequeñísima para expandirse hacia lo megacósmico.

Incluso las galaxias alguna vez fueron más pequeñas...
¿cómo llegaron a ser tan grandes?

Seguramente chocando entre sí.

Ahora puedes recuperar el *hula-hoop*. Si tienes dos,
dale uno a tu vaquita y hacedlos girar, una al lado de la
otra; tarde o temprano, los haréis chocar.

Con las galaxias ocurre lo mismo: en cierto momento de su deambular por el cosmos se atraen, se acercan, giran y finalmente se estrechan en un abrazo mortal y... ¡tachán! Del choque, nace una nueva galaxia, más grande, con una nueva forma, abollada, elíptica, como un enorme manchurrón.

Lo mismo le sucederá a nuestra Vía Láctea, que actualmente alberga más de doscientos mil millones de estrellas: dentro de unos cinco mil millones de años chocará con la galaxia de Andrómeda, ya que las dos se están acercando a 120 kilómetros por segundo.

> **«La expansión del universo queda equilibrada por la fuerza de gravedad.»**

Pero si todo el universo se está expandiendo y todo se está alejando de todo, ¿cómo es posible que dos galaxias se acerquen lo bastante como para chocar?

¡Buena pregunta! La respuesta es que la expansión del universo se equilibra con fuerzas opuestas que se atraen... y una en concreto: la fuerza de la gravedad.

Y ahora veamos cómo. Porque, créeme, tanto en el espacio como sobre nosotros, esta fuerza tiene un cierto... peso.

¿CÓMO NACEN LAS ESTRELLAS?

Las estrellas son cuerpos que, gracias a las altísimas temperaturas que alcanzan en su interior, son capaces de emitir luz desde su superficie. Pero también son cuerpos que pesan.

En el universo, todo pesa.

Tú pesas, tu vaca pesa, pesa la pelota cuando la pateas, pesa el *hula-hoop* cuando lo haces girar alrededor de tu cintura: mientras te mueves, se mantiene arriba, pero en cuanto paras, cae.

Lo mismo ocurre con las galaxias, las estrellas y los planetas que giran a su alrededor en sus órbitas, que son muy similares a los círculos que hace un *hula-hoop* a tu alrededor.

Hula-hoop... ¡espaciales!

Todo atrae a todo lo demás, y los objetos de mayor masa atraen hacia sí a los de menor masa. Se trata de una regla general, válida en todo el universo, y es tan fundamental que se ha ganado un nombre que no admite réplica: es la ley de la gravitación universal.

Son cosas realmente espaciales. Y solo hay una forma de resistirse: moverse para contrarrestar sus efectos.

Cuando usas un *hula-hoop*, la fuerza que genera tu cuerpo para darle al aro su clásico movimiento de rotación contrarresta la gravedad, que lo haría caer al suelo. La situación está en perfecto equilibrio: mientras el cansancio no te obligue a detenerte, el aro sigue arriba.

Las estrellas y los planetas del universo se comportan de la misma manera: las primeras orbitan alrededor del centro de la galaxia y los segundos alrededor de su estrella para no caer sobre ella.

EL DESCUBRIMIENTO DE LA GRAVEDAD

Seamos realistas: si te hubiera caído una manzana en la cabeza te la habrías comido. En cambio, Isaac Newton (antes de comérsela) aprovechó para hacerse algunas preguntas. ¿Por qué la manzana siempre cae del árbol hacia el centro de la Tierra y no en diagonal?

¿Y por qué nunca cae hacia arriba?

Newton acababa de descubrir la ley de la gravedad, que no se aplica solo a las manzanas y las cabezas sobre las que caen, sino a todo lo que hay en el universo, incluidas las estrellas y los planetas. En la práctica, dos cuerpos cualesquiera con masa se atraen entre sí, y esta atracción es más fuerte cuanto más grandes sean y más cercanos estén. ¿Por qué cae una manzana al suelo?

Porque la gran masa del planeta y la gran proximidad atraen hacia abajo la masa más pequeña que es la manzana, como un imán. ¿Y por qué nosotros no caemos al suelo? Porque somos capaces, con nuestros músculos, de contrarrestar esta atracción (que, eso sí, nos mantiene con los pies en el suelo).

Es posible que hayas visto a algunos astronautas saltar fácilmente en la Luna. Es que la Luna tiene una masa más pequeña y ejerce menos atracción: 40 kilos en la Tierra en la Luna solo «pesan» 7.

¡Enciende la luz!

En el corazón de cada estrella hay un «motor» alimentado por (¡bum!) reacciones nucleares continuas (¡bum!) que se están produciendo (¡bum!) incluso en este mismo momento (¡patapum!). De hecho, las reacciones nucleares requieren una densidad muy grande (como había al comienzo del Big Bang) y mucho calor (la parte «más fría» del Sol alcanza los 5.500 °C), y es precisamente la diferencia entre el calor de la estrella y el frío del espacio que la rodea lo que «la enciende». Piensa en cuando dejas leche muy caliente en la taza mucho rato. ¿Qué le pasa? Se enfría. Y luego alguien en casa te regaña por dejar la taza por ahí. A la estrella también le sucede lo mismo: inmersa en su frío universo, se enfría, pero, a diferencia de la leche, comienza a recuperar el calor perdido que se dispersa hacia el espacio en forma de luz. Esto ocurre mediante la nucleosíntesis: en el interior de las estrellas, las condiciones de temperatura y presión son tan extremas que los átomos se fusionan, generando energía. La estrella entonces produce más calor en su interior y de este modo intenta mantenerse en equilibrio.

DESCIFRAR

Las dos estrellas más cercanas a nuestro planeta son el Sol, a 150 millones de kilómetros, y Proxima Centauri, a 40 billones de kilómetros. La luz del Sol nos llega 8 minutos después de que la haya emitido (a la velocidad de la luz se tarda ese tiempo para llegar a la Tierra desde el Sol), en el caso de Proxima Centauri, veremos su luz 4 años después de que la haya emitido.

La estrella permanece caliente mientras emite continuamente energía en forma de luz hacia un espacio helado; al permanecer caliente, continúa generando reacciones que la mantienen en marcha.

Es esta gigantesca quema lo que vemos en el cielo por la noche: es una lucha entre frío y calor. La emisión de energía se manifiesta en los aproximadamente mil puntos luminosos que vemos por la noche cuando levantamos la cabeza. Quizá con la ayuda de un mapa estelar o de alguna bonita *app*, podrás ver cómodamente Mizar, que brilla a una distancia de 85 años luz, o Rho Cassiopeiae, que está casi cien veces más lejos. O, mejor dicho, podrás ver la luz que emitieron hace 85 y 8.000 años.

Los ingredientes de una estrella

Una supermezcla universal de gas, un toque de gravedad y ¡tachán!: ¡la estrella está servida, chef!

Receta

Fuerza de gravedad

GAS

Y así nacen, de verdad: de una nube de gas que deambula por el espacio y, con el paso del tiempo, se enfría, lo que hace que aumente de densidad. La fuerza de la gravedad provoca que la nube colapse y se contraiga hasta formar un núcleo en su interior, la «protoestrella».

En ese momento la estrella recién nacida todavía está apagada pero, si tiene suficiente masa para activar las reacciones nucleares necesarias, se vuelve tan grande y caliente que... se enciende.

¡POBRE ESTRELLA! ERA TAN JOVEN... APENAS CINCO MIL MILLONES DE AÑOS.

Una vez prendida, arde durante muchos años, dependiendo de su masa. Nuestro Sol seguirá ardiendo durante otros cinco o seis mil millones de años. Las estrellas más brillantes, por el contrario, pueden quemarlo todo en unos pocos millones de años. ¿Y luego? Algunas se apagan, otras explotan y otras se desvanecen.

> **«Las estrellas más brillantes pueden arder durante unos pocos millones de años y luego se apagan o explotan.»**

Estrellas como el Sol o un poco más grandes (hasta 8 veces) expulsan capa tras capa externa hasta que solo queda el núcleo, un núcleo incandescente llamado *enana blanca*, que al principio es muy caliente y luminoso y luego se enfría poco a poco (durante muchos miles de millones de años) hasta que se vuelve oscuro.

A veces una estrella colapsa porque, en un momento determinado, las reacciones nucleares se detienen o porque la presión dentro del núcleo disminuye y ya no hay nada que «sostenga» la estrella frente a la fuerza de la gravedad. El colapso del núcleo puede generar una gran explosión, lo que da lugar a una *supernova* y a la formación de una estrella de neutrones increíblemente densa, en la que incluso los componentes de la materia, los átomos, se fusionan entre sí.

Si la masa de la estrella es muy grande, al menos 20 veces la del Sol, en lugar de explotar hacia afuera, parte de ella se precipita hacia el núcleo. Y, en este caso, ¡se forma un agujero negro!

¿ESTAMOS HECHOS DE POLVO DE ESTRELLAS?

Una estrella necesita producir continuamente reacciones en su interior para alimentar su motor. La reacción nuclear primaria que tiene lugar transforma el hidrógeno en helio. ¿Y qué pasa cuando se acaba el hidrógeno? Algunas estrellas, las que tienen una masa al menos 8 veces la del Sol, una vez que se quedan sin hidrógeno, empiezan a quemar helio, carbono, luego oxígeno, luego neón... y así sucesivamente; van quemando elementos y generando todos los demás, hasta llegar al hierro.

Vaya, que sí: todo en el universo, incluido lo que nos compone, fue creado en este fabuloso enriquecimiento químico que son las reacciones nucleares en el corazón de las estrellas.

De una estrella muerta siempre queda un rastro, unas cenizas (que en realidad son núcleos de átomos errantes) destinadas a convertirse tarde o temprano en material creador de nuevas estrellas. En el espacio se aplica la misma ley fundamental que en tu habitación: nunca limpias o tiras nada y luego, tarde o temprano, acabarás usándolo todo.

Porque, aunque la receta de cada estrella sea diferente de las demás en masa y composición, cada una tiene en su interior migajas de estrellas más antiguas, en cantidades variables, listas para encenderse de nuevo.

4

¿POR QUÉ SON NEGROS LOS AGUJEROS NEGROS?

Quizás te hayas preguntado qué hay en un agujero negro.

Buena pregunta. Pero es que nadie ha estado nunca allí.

Si tuvieras la brillante idea de ir hasta uno, debes saber que nunca podrás salir, porque en un agujero negro se entra pero no se sale. Y no verías nada en absoluto porque el agujero negro... es negro. Y es negro porque está todo concentrado en una región muy pequeña del espacio, con una densidad de materia aterradora: imagínate todo lo que hay en el Sol reducido y comprimido en una pelota de tres kilómetros de radio, que no deja salir nada, ni siquiera la luz.

Un agujero negro ejerce tal fuerza de atracción, es decir, tira tanto hacia sí mismo que logra atrapar incluso los rayos de luz. Estos cuerpos celestes son las cuevas oscuras del universo, un pozo lóbrego tan incomprensible que, para intentar entenderlo, necesitaremos una sábana, unas bolas, pelotas o canicas, un objeto cualquiera y un par de amigos que sean un pelín más inteligentes que el objeto este.

¿Y LOS AGUJEROS BLANCOS?

Por el momento es solo una teoría, pero se cree que, al igual que existen los agujeros negros, también pueden existir los agujeros blancos: como gemelos de los negros en un espejo, podrían ser regiones del universo de las que se expulsa energía, materia y luz. Nadie los ha observado directamente todavía, ¡pero quién sabe!

El espacio

Colocad las bolas de diferentes tamaños y pesos y ese objeto cualquiera en la sábana y situaros en las cuatro esquinas de la sábana. Mantenedla alzada, sin que quede muy tensa. Notarás que la bola más pesada, al moverse, deforma más la sábana que las bolas más ligeras. Y que las distintas bolas tenderán, movimiento tras movimiento, giro tras giro, a deslizarse hacia la bola más grande.

El espacio físico se comporta exactamente como la sábana.

No es plano. Y está deformado por la materia.

El primero en comprenderlo fue uno de los mayores genios del siglo xx, Albert Einstein (pelo desgreñado, pipa en la boca, lengua fuera... ya sabes, ¿no?), con sus descubrimientos sobre el espacio-tiempo, escrito así, con un guion en medio.

Del tiempo al espacio-tiempo

La próxima vez que tu padre te pregunte si tienes un rato para dedicar a una de esas actividades tan importantes en las que intenta involucrarte todos los días, debes prestar mucha atención a dónde te encuentras.

Porque la gravedad no solo deforma el espacio (como las bolas en la sábana), también modifica el tiempo.

Y, por tanto, una hora no siempre es igual a otra hora.

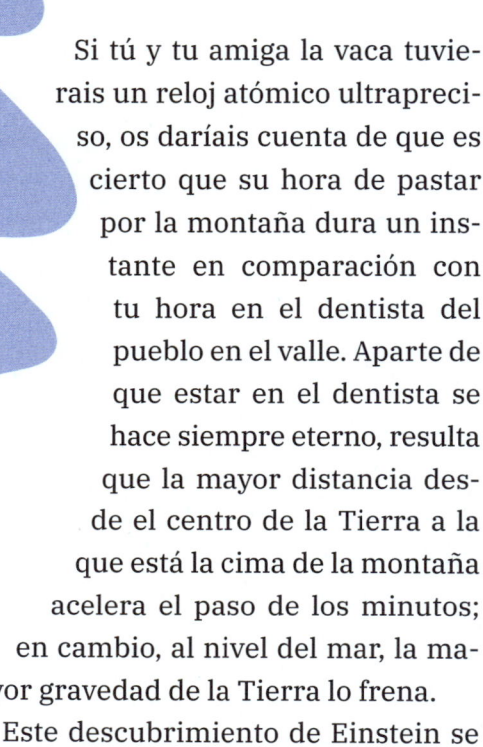

Si tú y tu amiga la vaca tuvierais un reloj atómico ultrapreciso, os daríais cuenta de que es cierto que su hora de pastar por la montaña dura un instante en comparación con tu hora en el dentista del pueblo en el valle. Aparte de que estar en el dentista se hace siempre eterno, resulta que la mayor distancia desde el centro de la Tierra a la que está la cima de la montaña acelera el paso de los minutos; en cambio, al nivel del mar, la mayor gravedad de la Tierra lo frena.

Este descubrimiento de Einstein se llama *espacio-tiempo*; bueno, sobre todo el descubrimiento es el guion que los une.

Cuanto más te acercas a un agujero negro, más crece la fuerza gravitacional del propio agujero y más aumenta esta deformación, hasta convertirse en la más grande que puedas imaginar, tan grande que tal vez congele el tiempo.

Ahora vuelve a mirar la sábana con las bolas y tus amigos. ¿Aún estáis ahí sosteniéndola? ¿Y el objeto ese cualquiera?

¿Qué era ese objeto, de qué servía? De nada. Lo pusimos solo para haceros dudar.

Cómo se forma un agujero negro

Hay estrellas que tienen una masa de veinte o treinta veces la del Sol y son por tanto muy, pero que muy grandes. En nuestra galaxia, son menos del 5 % de todas las estrellas.

Cuando se quedan sin combustible y ya no pueden producir las reacciones necesarias en su interior para mantener el equilibrio, se vuelven inestables.

Resoplan, sudan y luchan, y cuando explotan, no pueden contrarrestar completamente la fuerza de gravedad: su materia, por tanto, cae hacia el centro y forma el agujero negro. Algunas migajas tal vez se resistan, vagarán por el universo e irán a concentrarse con otros gases perdidos para formar otras estrellas, pero lo que queda cerca (los astrónomos lo llaman *remanente estelar*) se concentra más, cada vez más, y en muchos casos basta para formar un agujero negro, que luego, gracias a su gravedad, empieza a atraer a todo lo que pasa cerca de él. Se llama *horizonte de sucesos* o *punto de no retorno* al punto en el que ya resulta imposible que cualquier objeto se resista a la atracción del agujero negro.

DESCIFRAR

El primer agujero negro fotografiado se encuentra en la galaxia M87: tiene una masa igual a 6.600 millones de veces la del Sol y un horizonte de sucesos a 20.000 millones de kilómetros. Hay también uno en el centro de la Vía Láctea cuya masa «solo» es 4 millones de veces la del Sol.

Son singularidades del universo, pero la verdad es que están por todas partes; son singularidades del espacio-tiempo que se encuentran en el centro de cada galaxia.

Y este es uno de los misterios aún sin resolver de los agujeros negros.

Existen relaciones entre las galaxias y los agujeros negros y entre los agujeros negros y las estrellas que los generaron. Se sabe que una galaxia llena de estrellas tendrá un gran agujero negro, y una con pocas estrellas un pequeño agujero negro, pero nadie sabe por qué, ni si los agujeros negros crecen a la vez que la galaxia o si, por el contrario, es la galaxia que se forma primero y luego los genera.

Un poco como la leche y la vaca: ¿quién fue primero?

¿Para qué sirven los agujeros negros?

GLOSARIO

La **ESPAGUETIZACIÓN** (del inglés *spaghettification*, que deriva del italiano *spaghetti*) es un hipotético efecto de deformación que se produce cuando un objeto se acerca al centro de un agujero negro. Hipotético porque nadie sabe qué es lo que pasa cuando se acaba dentro de un agujero negro.

Nos cuesta observarlos, son oscuros y peligrosos, no podemos acercarnos a ellos. Sin duda, si acabas en uno, la cosa no pintará bien. Quizá te convertirías en algo extraño, por efecto de la «ESPAGUETIZACIÓN», tal como lo han definido los estudiosos. Puede que oír hablar de espaguetis te haya dado hambre pero en tu lugar, nosotros iríamos con mucho cuidado.

Entonces, ¿quién nos obliga a estudiar los agujeros negros?

Hay muchas razones por las que el estudio de los agujeros negros es tan importante y será uno de los campos de mayor interés en los próximos años.

La principal es que si podemos entender los agujeros negros, es muy probable que también entendamos las galaxias. Por ahora somos observadores. Sabemos que los agujeros negros son un elemento fundamental de las galaxias y que hay peculiaridades por descubrir en la relación entre las galaxias y los agujeros negros.

De hecho, a medida que crecen, los agujeros negros no solo atraen materia que luego aplastan (como los trituradores de basura), sino que liberan o descartan otra materia (la que no forma los agujeros negros), depositando energía en las regiones circundantes y alterando la eficiencia con la que las galaxias forman nuevas estrellas.

¿Lo hacen al azar? ¿O deliberadamente?

Si la Vía Láctea representa nuestro hogar y el disco de la galaxia, la mesa del comedor, su agujero negro es el equivalente del abuelo: aquel que sabe más cosas que nadie, pero que a veces es incapaz de contarlas.

Tú eres un pequeño planeta; tu hermano, un planeta bien gordo. Y tu hermana pequeña, que siempre está dando vueltas a vuestro alrededor, es un satélite.

Lo único que necesitas a estas alturas es una buena estrella, cálida, brillante, ni muy cerca ni muy lejos.

Un poco como la de allá arriba.

Así que he aquí el Sol: bienvenida a tu hogar.

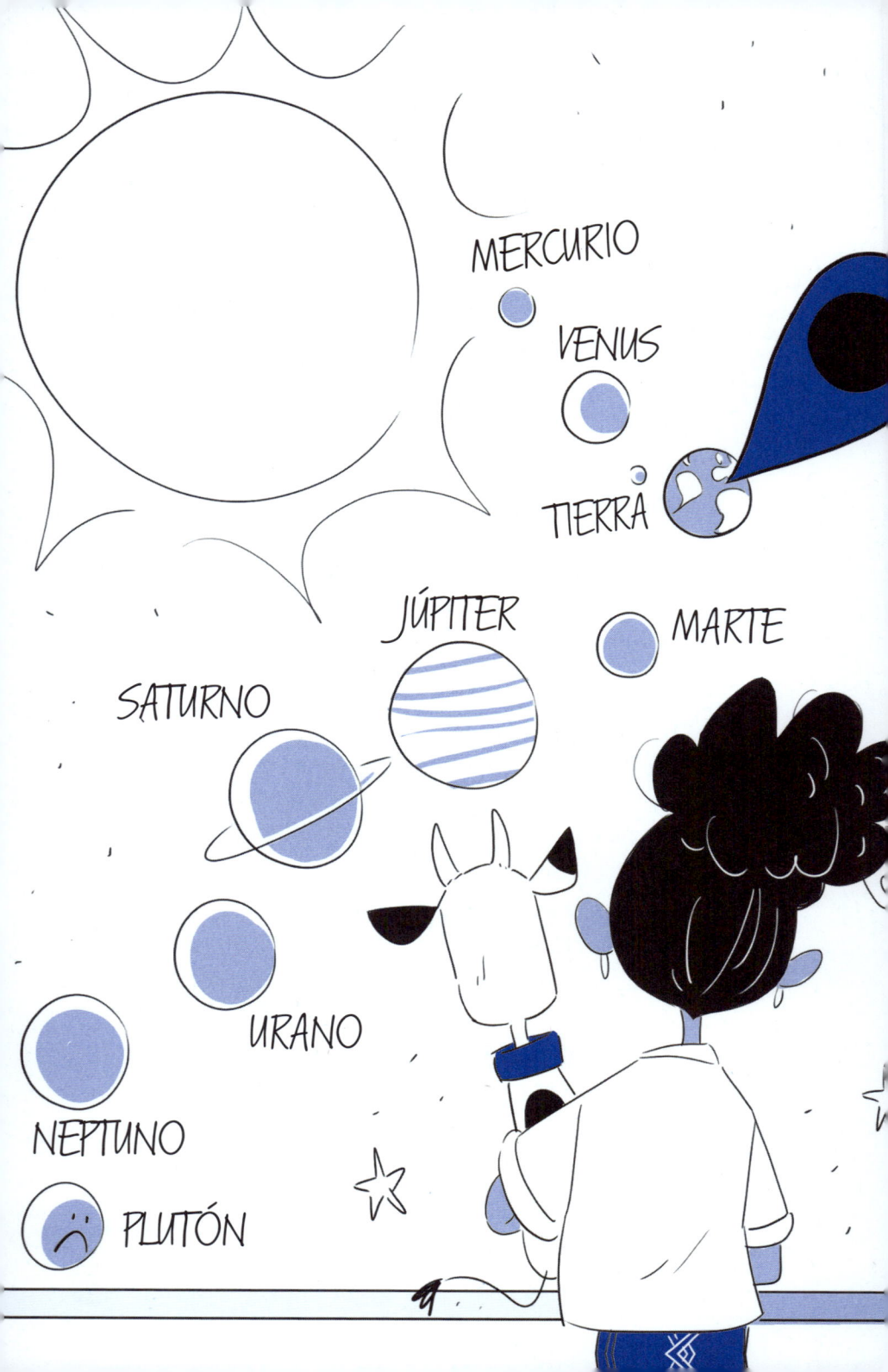

TÚ ESTÁS
AQUÍ

¿DÓNDE ESTÁ MI CASA EN EL UNIVERSO?

Tu hogar está en el sistema solar, en el planeta Tierra. Y puedes vivir en él solo gracias al Sol.

¿Alguna vez te has preguntado cómo sería una vida sin el Sol?

Imagínate... Nada de bronceado. Nada de atardeceres románticos. Nada de amaneceres llenos de energía. Nada de globos de agua. Y nada de helados: el inventor del helado nunca habría tenido la idea si siempre hubiera hecho frío.

¿Nos olvidamos de algo?

Sí, sin luz solar no habría fotosíntesis de clorofila y por tanto las plantas no producirían oxígeno, las vacas no comerían hierba, no producirían leche y por tanto, de nuevo, no habría helados. Todos moriríamos... Un desastre.

Pero calma, que no cunda el pánico.

Si abres la ventana y miras hacia afuera verás el Sol (o tal vez no, porque está lloviendo). Pero vaya, ahí está, en el centro y nosotros giramos a su alrededor.

Y este es el sistema solar.

¡Alto ahí, gracias!

Sale por el este, se pone por el oeste y cuando te despiertas un domingo a mediodía lo encuentras justo encima de tu cabeza.

A tus antepasados les resultaba fácil creer que la Tierra estaba quieta y que el Sol giraba a su alrededor.

Pero lo cierto es que somos nosotros, los planetas del sistema solar, los que giramos alrededor del Sol, y su atracción gravitatoria, que equilibra nuestro movimiento a su alrededor, es lo que nos mantiene en perfecta rotación en torno a él desde hace miles de millones de años.

Copérnico lo descubrió en el siglo XVI, Galileo lo reiteró y luego llegaron los telescopios para que lo viéramos con absoluta certeza: el Sol (que en realidad no está quieto porque, como descubrirás, resulta que en el universo todo se mueve) es el centro de atracción de todos los cuerpos celestes de nuestro vecindario espacial.

Empieza por aquí y luego muuuuuévete.

Lo que mantiene en equilibrio el sistema solar es una estrella en plena edad adulta. Tiene un fuerte campo magnético y emite un flujo de gases cargados eléctricamente con las corrientes de viento solar. Constituye el 99,8 % de la masa de todo el sistema, actuando como centro de las órbitas de 8 planetas, al menos 5 planetas enanos y miles de asteroides y cometas. Tiene una atmósfera realmente caliente, de unos 5.500 °C. Piensa que es una temperatura suficiente para fundir diamantes y hacer una sopita con ellos. El Sol está a unos 26.000 años luz del centro de

Y SIN EMBARGO, ¡SE MUEVE!

El 12 de abril de 1633 comenzó el juicio contra Galileo Galilei, quien afirmaba que la Tierra giraba alrededor del Sol, como ya había pensado Copérnico. Fue acusado de herejía, dado que la Biblia decía lo contrario, y obligado a negar sus propias ideas para que lo dejaran en paz. Pero se dice que, tras retractarse, susurró: «*Eppur si muove*», es decir, «Y sin embargo, ¡se mueve!». Su condena no fue anulada hasta 1992. Más vale tarde que nunca.

nuestra galaxia y tarda 25 días (de los nuestros) en girar sobre sí mismo en el ecuador, pero algo más lentamente conforme nos acercamos a sus polos.

¿Y por qué gira de manera diferente? Porque es una bola de gas, casi todo hidrógeno y helio. Tiene un núcleo central y una serie de capas a su alrededor, como las pieles de una cebolla, de las cuales las últimas, la *fotosfera*, son las que vemos a simple vista (¡pero cuidado en mirar al Sol sin protección adecuada!).

Durante los eclipses solares totales, el anillo blanco que queda alrededor de la Luna es la llamada *corona solar*.

La combustión se produce en el núcleo, donde se genera energía que llega a la superficie y luego se dispersa en forma de luz. De vez en cuando se forman burbujas en las capas superiores y se producen grandes explosiones, tan fuertes como

mil millones de bombas atómicas: se trata de *llamaradas* que, a su vez, provocan auténticas tormentas magnéticas, algunas de las cuales caen sobre nosotros y provocan apagones de radio o daños en los satélites artificiales.

El Sol genera luz y un potente campo magnético que se extiende en el espacio que lo rodea y gira con él, ya que el Sol también gira.

La distancia entre nosotros y el Sol, 150 millones de kilómetros, es lo que se denomina *unidad astronómica*.

> **«Las llamaradas solares causan tormentas magnéticas, que provocan apagones de radio y daños en los satélites.»**

El sótano del sistema solar...

Si piensas en el sistema solar como si fuera tu hogar, hay tres habitaciones de las que poco sabrás: el sótano, el desván y tal vez el garaje, del que te hablaremos más en la pregunta número 11 y que es donde se encuentran los asteroides. Empecemos por el sótano: oscuro y misterioso, una zona helada en forma de rosquilla y situada en el borde del sistema; no sabemos muy bien qué hay en su interior: quizás millones de objetos hechos de hielo, amoníaco y metano. ¿Y por qué es importante? Porque se piensa que allí hay vestigios de la formación del sistema solar, restos de un gran planeta que no logró formarse.

... y el desván

Hay muchísimas rocas voladoras que viajan por el sistema solar.

Algunas, al entrar en la atmósfera terrestre, se vaporizan; las conoces como *estrellas fugaces*, por sus hermosas trazas refulgentes que iluminan el cielo.

Otras, demasiado grandes para vaporizarse, nos golpean como meteoritos; los más grandes han dejado inmensos cráteres, como el de Chicxulub, en México, que cayó hace 66 millones de años.

Los *cometas* son bolas de hielo mezclado con fragmentos de roca, que recorren extrañas órbitas en nuestro sistema: si llegan lo bastante cerca del Sol se calientan y forman su propia atmósfera, la cola, que puede tener cientos de kilómetros de largo. Son muy antiguos y probablemente debamos al choque de uno de ellos con la Tierra que

haya nacido vida aquí. Los antiguos griegos imaginaban a los cometas como los espermatozoides de la galaxia y a la Tierra y los planetas como huevos por fertilizar. Muchos de ellos proceden de la *nube de Oort* (una región del sistema solar con cometas, asteroides y otros cuerpos helados que rodea el sistema solar como una nube esférica), y cruzan periódicamente nuestros cielos a intervalos de miles de años; otros, de periodos más breves, como el cometa Halley, que pasa cada 75 años, provienen del *disco disperso*, otra zona que contiene pequeños cuerpos celestes, y que está más cerca del Sol que la nube de Oort.

DESCIFRAR

El cráter de Chicxulub, provocado hace 66 millones de años por un asteroide de más de 10 kilómetros de diámetro, es el cráter de impacto mejor conservado de la Tierra: tiene un diámetro de unos 200 kilómetros y se extiende por más de 25.000 kilómetros cuadrados, en parte en el fondo marino y en parte en tierra firme.

¿TODO SE MUEVE EN EL UNIVERSO?

En el universo, todo lo que se detiene acaba absorbido o devorado por otra cosa. No debe de ser muy agradable. Hay estrellas que mastican a otras estrellas, como nuestra amiga la vaca rumia con la hierba.

Para evitar que te coman, tienes que correr y mantenerte en órbita, es decir, en equilibrio entre tu velocidad y la fuerza de atracción de la estrella (o cuerpo celeste) más cercana. Y así todos acaban corriendo, cada uno a su propio ritmo, claro.

Mercurio, por ejemplo, el planeta más cercano al Sol, tarda un año en completar una rotación alrededor de él. Neptuno, el más lejano, tarda... un año.

¿Qué? ¿No te lo crees? Pues así es.

En la Tierra un año significa 365 días más un poquito, tanto es así que para igualar la situación hay que añadir un día cada cuatro años, en los *años bisiestos*; para los demás planetas un año siempre es un año. Pero claro, los años no son iguales en todas partes: el año de Mercurio son solo 88 días terrestres, mientras que el año de Neptuno... son 165 años de los nuestros.

La trayectoria que siguen los planetas alrededor de su estrella se llama órbita. Y las órbitas suelen tender todas hacia formas elípticas, un poco como círculos estirados.

LA TIERRA SE MUEVE

ROTACIÓN: SE DEFINE MOVIMIENTO DE ROTACIÓN COMO EL QUE HACE UN OBJETO ASTRONÓMICO, COMO LA TIERRA, ALREDEDOR DE SU PROPIO EJE. LA ROTACIÓN TERRESTRE ES LA QUE MARCA LA DURACIÓN DE UN DÍA.

Este movimiento del eje de rotación terrestre implica que las constelaciones que vemos en un cierto periodo del año cambian en el tiempo. Este fenómeno se llama *Precesión de los Equinoccios*.

Cada una de estas órbitas es única y original. Se puede definir por su grado de **EXCENTRICIDAD**. Cuanto más grande es la excentricidad, más ovalada es la órbita y más se aleja de un círculo perfecto. Hasta el caso de los cometas, cuyas órbitas son muy excéntricas o, a veces, llegan a escaparse de la gravedad de los cuerpos a los cuales se acercan y siguen su camino.

La excentricidad depende de la masa y la energía del cuerpo y puede verse perturbada por otros factores.

Tránsitos y eclipses

Los movimientos estelares son muy lentos y, de hecho, en tu vida nunca ves el mismo cielo dos veces. Es realmente sorprendente cómo nuestros antepasados se dieron cuenta de esto y lograron calcular con precisión las posiciones de las estrellas en el cielo, los equinoccios y los solsticios. El momento más importante para entender la forma del sistema solar es el de los eclipses, de Sol o de Luna. Un eclipse de Luna se produce cuando la Tierra se encuentra entre la Luna y el Sol y proyecta su sombra sobre nuestro satélite; uno de Sol, cuando la Luna se interpone entre la Tierra y el Sol. Se pueden calcular, por lo que si buscas en Internet podrás saber cuándo será el próximo.

Los eclipses pueden ser parciales o totales (los más espectaculares, cuando los tres astros están perfectamente alineados), visibles en un hemisferio u otro de la Tierra. También hay eclipses anulares, que se producen cuando la Luna está a su máxima distancia de la Tierra y pasa por delante del Sol sin taparlo por completo, de modo que queda un anillo brillante de Sol, de ahí su nombre.

Ahora que ya tienes claro que en el universo todo se mueve, no te sorprenderá que Mercurio y Venus puedan interponerse entre el Sol y la Tierra: estos pasajes se llaman *tránsitos*. Es relativamente probable que en tu vida puedas contemplar alguno: el próximo de Mercurio será el 13 de noviembre de 2032 y, por lo que respecta a Venus, hubo uno en 2012 y habrá otro en 2117.

Los eclipses y los tránsitos nos han proporcionado información sobre el sistema solar, y sobre el hecho de que, al fin y al cabo, siempre es el Sol el que lo decide todo, ya que cada sistema estrella-planetas tiene su propio equilibrio de fuerzas, que determina cuántos planetas pueden girar a su alre-

EL RAYO DE LUZ DE NEWGRANGE

En Newgrange (Irlanda) existe una sepultura de hacia el 3200 a. C. Tiene 80 m de anchura y está rodeada por piedras de cuarzo blanco, algunas con misteriosas espirales dibujadas. Sobre la entrada una abertura deja entrar los rayos del Sol que en el día más corto en el hemisferio norte (el solsticio de invierno) llegan hasta la cámara central, a 19 m de profundidad, marcando el inicio del año. ¡Todo ello antes que las pirámides y Stonehenge!

dedor y de qué están compuestos. En nuestro caso ocho, dejando de lado creaciones literarias, poéticas o religiosas.

¿Lo tienes todo claro? ¿Lo ves bien?

Hay un último detalle, muy importante: los planetas son esferas, más o menos regulares, pero no dejan de ser bolas, incluida la Tierra, y no es cierto que sea un descubrimiento de Cristóbal Colón. El navegante genovés descubrió una parte del mundo que aún era desconocida para los europeos, pero sabía muy bien que yendo hacia el oeste llegaría al este, tal como sabían más personas de las que creemos.

CRONO-LOGÍA

LOS PARTIDARIOS DE LA TIERRA ESFÉRICA

Roma - siglo I a. C. - siglo I d. C.

Cicerón, Plinio y Estrabón, así como la mayoría de los marineros, están seguros de que es redonda.

Grecia - siglo IV a. C.

Aristóteles considera que está curvada, por tanto, redonda.

Grecia - siglo III a. C.

Eratóstenes de Cirene calcula bastante bien la circunferencia de la Tierra, usando la sombra de un par de palos clavados en el suelo.

India - siglo VI d. C.

El astrónomo Aryabhata calcula las dimensiones de la Tierra y se equivoca por unos mil kilómetros.

Incluso una vaca entendería que todos los planetas son esféricos y, por tanto, la Tierra también. Si vais al mar y miráis los barcos lejanos, veréis primero las velas y luego sus cascos. Porque navegan por una superficie curvada. Y cuando vais a las montañas, si la Tierra fuera plana deberíais poder verla toda, pero no es así.

Por último: desde el hemisferio sur se ven constelaciones diferentes a las que se ven en el hemisferio norte; y en todas partes, si te fijas, puedes ver que van girando, lo que sería imposible si estuvieras acostado sobre una bandeja plana (se deslizarían como el telón de un teatro).

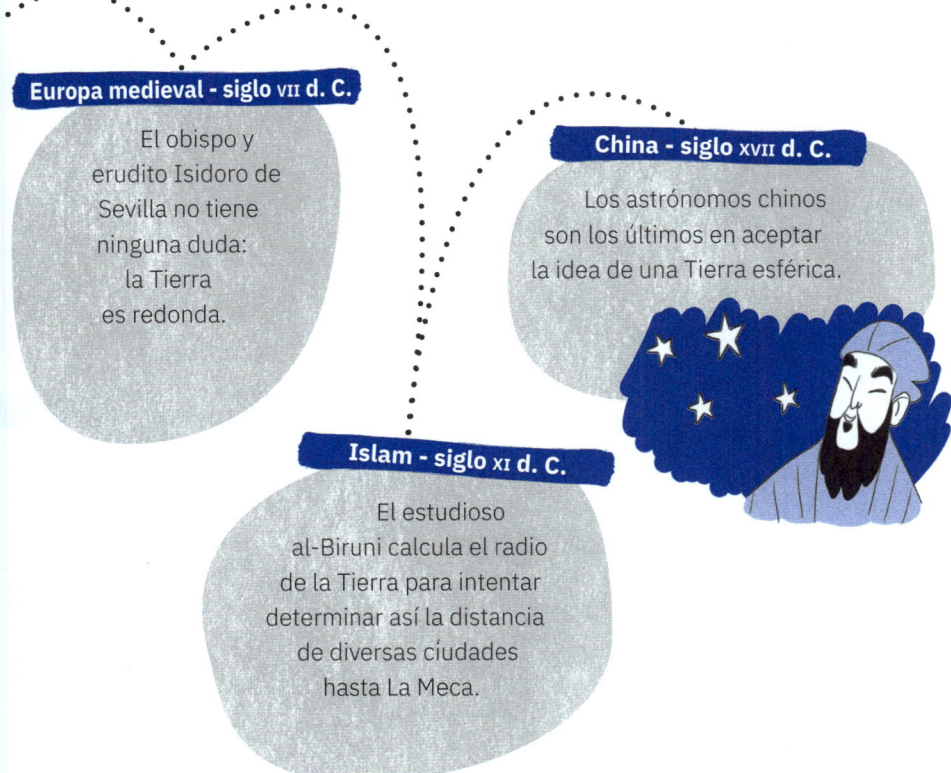

Europa medieval - siglo VII d. C.

El obispo y erudito Isidoro de Sevilla no tiene ninguna duda: la Tierra es redonda.

China - siglo XVII d. C.

Los astrónomos chinos son los últimos en aceptar la idea de una Tierra esférica.

Islam - siglo XI d. C.

El estudioso al-Biruni calcula el radio de la Tierra para intentar determinar así la distancia de diversas ciudades hasta La Meca.

¿SON IGUALES TODOS LOS PLANETAS?

Depende del cuerpo celeste alrededor del que giren. Pero podemos decir con seguridad que no, todos son diferentes, aunque se formen de un modo muy similar. Cada vez que se enciende una estrella, también se crea un viento estelar muy potente que arrastra una gran cantidad de materia residual por todas partes. Y esta materia deambula hasta encontrarse con más y, en ese punto, de nuevo por efecto de la ley de gravitación universal, se empiezan a acumular pequeños fragmentos.

Imagínate tener que lidiar con todos estos restos: esquirlas, pequeños trozos de papel, hilos que estiras y apelotonas en tus manos, uno contra otro. Estás haciendo una albóndiga planetaria con un montón de materia mezclada. Los planetas no pueden encenderse como estrellas porque son demasiado pequeños y se mantienen girando en equilibrio alrededor de la estrella a lo largo de su órbita, sin ser devorados.

En nuestro sistema tenemos ocho, muy diferentes entre sí, como se puede comprobar en su DNI.

Los ocho hermanos

Los planetas más parecidos a la Tierra en orden de distancia al Sol se llaman Mercurio, Venus y Marte. Pero no pienses en ellos como gemelos, porque no lo son en absoluto. De hecho, son muy diferentes entre sí, al igual que tú y tus hermanos.

Mercurio alcanza los 430 °C durante el día y se enfría hasta −185 °C por la noche; un día dura 59 de los nuestros y, un año, 88 días terrestres. Hemos llegado hasta allí con la sonda *Messenger* y hemos descubierto profundas cavidades. En Mercurio se desarrolla la novela de ciencia ficción *Yo, robot* de Isaac Asimov.

En Venus hace muchísimo calor: 480 °C y una atmósfera rica en dióxido de carbono, sin agua. Los mayas lo conocían muy bien, aunque seguro que no sabían que sus

VENUS

nubes de ácido sulfúrico se mueven a 300 o 400 kilómetros por hora. Creemos que, hace mucho tiempo, pudo haber albergado un océano similar a los nuestros o tal vez alguna forma de vida. La sonda *Magellan* nos mostró que en su superficie hay un enorme cañón, el Baltis Vallis, de casi 7.000 km de largo y excavado por la lava. Si viviéramos en Venus, veríamos al Sol salir por el oeste y ponerse por el este, pues Venus gira en dirección opuesta a la Tierra. Caliente, caprichoso, gira al revés y, por si fuera poco, en los cómics de ciencia ficción también está poblado por amazonas (ya sabes, las míticas guerreras).

MARTE

Marte es el más parecido a nosotros: tiene días de 24 horas y 39 minutos, y años que son el doble que los de la Tierra: 687 días. Los egipcios ya le llamaban Rojo, porque tiene suelos ricos en hierro, sobre los que se han posado ya varias sondas, y se planean nuevas misiones, como la que planea el retorno de muestras propuesta para la década de 2030. Las temperaturas bajo cero son habituales y hay grandes tormentas de polvo, pero las numerosas misiones realizadas nos hacen pensar en la existencia de vida en el pasado, lo que nos da la idea de que tarde o temprano podríamos mudarnos y cultivar algo allí arriba. En las novelas siempre hemos pensado en los marcianos como nuestros grandes enemigos; bueno, al menos desde *La guerra de los mundos* de H. G. Wells.

Estos tres son nuestros parientes más cercanos. Los otros cuatro planetas, sin embargo, son los típicos primos raritos.

Júpiter y Saturno son gigantes gaseosos, no por problemas digestivos, sino porque sus superficies no son sólidas como el suelo de la Tierra. El primero tiene 95 lunas y vientos de 600 kilómetros por hora; el segundo es famoso por sus anillos de hielo y polvo, de un grosor de no más de 10 metros, que tal vez estén ahí porque una antigua luna quedó rota en millones de pedazos. La característica más inusual de Júpiter es una tormenta de unos 16.000 kilómetros que sigue activa no muy lejos de su polo sur, la llamada *Gran Mancha Roja*. Por su parte, Saturno tiene 146 lunas y una de ellas, Mimas, por coincidencia, es parecidísima a la Estrella de la Muerte de *Star Wars*.

A Urano y Neptuno, los más alejados del Sol, se les llama *gigantes de hielo* y la razón es fría como la nieve: –200 °C de temperatura en Urano (otro que gira al revés, como Venus) y –220 °C en Neptuno. Tienen años que duran 84 y 165 años de los nuestros. Vaya, que si no tienes bastan-

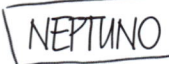

te con George R. R. Martin, aquí sí que se acerca el invierno...

¿Y Plutón? ¡Ah, qué historia tan triste! En el sistema ya a nadie le gusta hablar del tema. Ha sido degradado: de planeta de verdad a planeta enano. Esto se debe a que si quieres llamarte *planeta* debes tener tres atributos específicos. El primero: hay que ser esférico; Plutón lo es. El segundo: hay que orbitar una estrella; Plutón lo hace. El tercero: tu órbita debe estar limpia de otros cuerpos menores porque, de lo contrario, si están ahí significa que no tienes suficiente gravedad para atraerlos y convertirlos en, no sé, lunas o anillos. Y aquí es donde Plutón falla.

¿VERDADERO O FALSO?

Hemos visitado todos los planetas del sistema solar.

VERDADERO. Sí, además de Plutón, que ha sido degradado del título de planeta, y de algunos asteroides. Así pues, podemos decir con orgullo que sí, ¡los hemos visitado todos!

Los siete enanitos de la Vía Láctea

No te muevas y agarra con fuerza a tu vaquita, porque en 2005, después de más de 70 años, por fin descubrimos un nuevo planeta: Eris, como la diosa de la discordia (y esto ya te da una idea de las bromas que se traen los astrónomos entre ellos). ¿Pero era realmente un planeta o no?

Para intentar llegar a un acuerdo se inventó un término medio entre asteroides y planetas: *planetas enanos*. Plutón, Eris y Ceres fueron los tres primeros. Luego vinieron Haumea, Makemake y «el duende». Pero seguro que hay muchos otros.

Eris es tan frío que su atmósfera está congelada y, como tiene una órbita muy ovalada, en unos 275 años pasará lo suficientemente cerca del Sol como para que se derrita un poco. Haumea es único, porque no tiene forma de esfera sino más bien de huevo, tiene un anillo, dos lunas y una órbita muy extraña, que lo lleva a veces cerca del Sol y a veces más lejos que Plutón; en definitiva, todo un misterio. Makemake, como el dios de la isla de Pascua, es rojo, frío y desagradable. Por su parte, Leleakuhonua, llamado inicialmente «el duende», porque fue descubierto alrededor de Halloween de 2015 en el observatorio de Mauna Kea en Hawái, gira lejano y remoto, quizás atraído por algún planeta oculto fuera del sistema solar. Los dos objetos más lejanos de nuestro sistema que hemos descubierto, en 2018 y 2021, han recibido los nombres informales de FarOut y FarFarOut (del inglés 'muy lejos' y 'pero que muy lejos'); sabemos muy poco de ellos, con órbitas de más de 700 años.

ERIS

HAUMEA

MAKEMAKE

EL DUENDE

FAROUT

¿Y la Luna?

Tápate los oídos y prepárate para el estruendo, porque la historia de cómo pensamos que se formó la Luna es bastante ruidosa.

Se cree que hace unos 4.500 millones de años, Theia, un cuerpo celeste del tamaño de Marte, impactó contra nuestro planeta y que la colisión fue tan asombrosa que arrancó un gran trozo de roca, que fue dando tumbos por el cielo, cada vez más lejos... hasta que la fuerza de la gravedad de la Tierra lo retuvo y lo obligó a quedar girando a su alrededor para siempre.

¿VERDADERO O FALSO?

La Luna es tan grande como el Sol.

FALSO. El diámetro de la Luna es 400 veces más pequeño que el del Sol, pero (¡increíble!), nuestra distancia hasta la Luna es 400 veces más pequeña que hasta el Sol. Gracias a esta asombrosa coincidencia, los dos cuerpos celestes parecen del mismo tamaño en el cielo.

No está claro si el impacto aportó agua a nuestro planeta o si la que había fue expulsada, pero lo cierto es que nos encontramos con un satélite en el cielo: la Luna.

Hemos estado en la Luna (con un buen telescopio quizás todavía puedas ver la bandera estadounidense plantada en el Mare Tranquillitatis), y también hemos visitado su lado oscuro, ese que debido a la rotación en sincronía con la Tierra nos es imposible ver desde aquí abajo.

Conocemos sus ciclos y fases y también hemos estudiado su efecto atractivo sobre el mar: la Luna se mueve y regula las mareas.

Sin embargo, cada uno de sus cráteres esconde una historia, el secreto de antiguos y nuevos impactos de cuerpos celestes que han cambiado y siguen alterando su superficie.

Y pueden hacerlo con más facilidad porque, a diferencia de la Tierra, la Luna no tiene atmósfera...

No cambies de aires

La Luna tiene más chichones, abollones y rozaduras en su piel que tú después de haber jugado un partido de los duros. La Tierra también tiene sus heridas, pero muchas menos.

Debemos dar gracias a nuestra atmósfera, es decir, al conjunto de gases que rodean la Tierra y que impiden que demasiados objetos cósmicos caigan sobre nuestras cabezas.

Si tienes ante tus ojos la imagen de un cohete que regresa de una aventura espacial, sabes bien que queda rodeado de fuego. Lo mismo ocurre con los asteroides más pequeños y helados que intentan penetrar en la atmósfera, pero que se queman por la fricción con el aire, un poco como dos pedernales que se frotan entre sí a muchísima velocidad hasta prenderse. Pero hay más...

Nuestra atmósfera nos protege de una serie de radiaciones solares nocivas (como algunas radiaciones ultravioleta o los rayos X), que quedan filtradas y así permite que la Tierra sea un planeta habitable.

La Tierra también tiene su propia magnetosfera, es decir, un campo magnético provocado por su rotación y por el hecho de que su núcleo es líquido y está compuesto de hierro y níquel. La magnetosfera desvía muchas de las partículas que viajan con los rayos del sol; las que pasan crean el espectáculo de la aurora boreal.

Y ahora venga, enseña una brújula a tu amiga la vaca. ¿A dónde apunta? Correcto: hacia el norte. Pero no siempre ha sido así, en los últimos 83 millones de años los polos se han invertido más de 180 veces... Quién sabe, esperando unos cientos de miles de años la aguja podría apuntar hacia el sur. Tú espera y, mientras, puedes admirar las estrellas.

8

¿POR QUÉ SIEMPRE HEMOS SENTIDO CURIOSIDAD POR LO DE AHÍ ARRIBA?

¿Qué hora es?

Oye, deja ese reloj ahora mismo: ¿no ves que hemos retrocedido en el tiempo?

Olvida todo lo que sabes.

Nunca has leído este libro, no sabes por qué cae una manzana, nunca has oído hablar del meteorito que mató a todos los dinosaurios, entre otras cosas porque tampoco has oído hablar nunca de tales «dinosaurios».

Todavía estás convencida de que la Tierra es plana y se encuentra en el centro del universo.

Te preguntas por qué hay día y noche, por qué hace calor o frío, cómo puedes tener una vaca como amiga... y cuando hubo un eclipse te escondiste debajo de la cama echando leches y...

Ah, ¿solo querías saber qué hora es?

En este caso todo lo que necesitas es un *gnomon*. Y no, antes de que lo preguntes, no es un gnomo gigante, sino un bonito palo de madera clavado en el suelo.

Preguntas estelares

Empecemos de nuevo. ¿Por qué el cielo es azul? ¿A dónde va el sol por la noche?

¿Por qué la Luna no cae sobre nuestras cabezas? ¿Tienes fuego para calentar la cena?

No te rías, porque estas fueron, son y serán las preguntas fundamentales de todo *Homo sapiens*, empezando por los de las cavernas que, sin ayuda de ningún telescopio, reloj o *app* de móvil, se devanaron los sesos prehistóricos durante generaciones para luego dejar constancia de sus descubrimientos sobre las paredes de roca, erigiendo monumentos de piedras enormes orientadas hacia el Sol y transmitiendo sus conocimientos en cuentos que tú llamas «mitos» pero que, hace mucho tiempo, eran en gran medida relatos de estrellas y de cómo se movían por el cielo.

Muchos de los grafitis más antiguos hablan del universo y de lo que entendían los antiguos cuando miraban el cielo nocturno.

EN CHINA, EN MESOPOTAMIA Y ENTRE LOS MAYAS, LOS SACERDOTES, ASTRÓLOGOS Y ASTRÓNOMOS, ERAN LOS MÁS ESCUCHADOS: DECÍAN QUE DOMINABAN LOS MECANISMOS DEL CIELO.

EN EGIPTO SE CONSTRUÍAN OBELISCOS EN FORMA DE RAYOS DE SOL

EN TODO EL MEDITERRÁNEO, LA HORA MÁS SAGRADA ERA EL MEDIODÍA, CUANDO EL SOL ESTÁ EN LO MÁS ALTO Y LA SOMBRA ES LA MÁS CORTA.

CON EL PRIMER VOLANTE REGULADOR, INVENTADO POR ROBERT HOOKE (1635-1703), FUE POSIBLE DETERMINAR LA HORA POR LA NOCHE.

En resumen, el estudio del cosmos, para los antiguos, ayudaba a comprender el significado profundo del tiempo, el destino, la vida y la muerte.

Caza, navegación, agricultura: todo dependía del cielo y de la medida del tiempo. ¡Y esto se pudo hacer gracias al gnomon!

El cielo para viajar

El gnomon, este palo plantado verticalmente para ver la sombra que proyecta, puede parecerte una tontería, pero es el instrumento más antiguo para medir el tiempo. Mediante la posición y longitud de su sombra, los antiguos observaban el camino del Sol, desde el amanecer hasta el anochecer.

Simple pero brillante.

Y, sobre todo, necesario.

¿POR QUÉ EL CIELO ES AZUL?

Cada color tiene una onda electromagnética distinta y la luz del Sol contiene todos los colores. Cuando esta atraviesa nuestra atmósfera, sus partículas interactúan con la luz azul y esta se dispersa mejor que el resto de los colores, cuya onda es más larga. Así, el cielo es azul por la superior capacidad de este color de dispersarse en la atmósfera. Al atardecer, cuando el Sol está bajo en el horizonte, la luz debe atravesar una capa más gruesa de atmósfera, por lo que la luz azul se dispersa a tal punto que deja de ser dominante y pasa una gran cantidad de luz roja y naranja.

¡NO SOY UN GNOMO GRANDE!

Porque también hemos usado las estrellas para resolver problemas prácticos, como identificar el mejor momento para sembrar u orientarnos durante un largo viaje por tierra o por mar: cuando no había referencias costeras, seguíamos la estrella polar u otras estrellas.

Los antiguos sintieron la necesidad de encontrar un gran orden universal. Los astrónomos babilónicos hacían corresponder el comienzo de los meses con las fases de la Luna (y su costumbre se ha transmitido hasta nuestros días) y dibujaban figuras uniendo las estrellas como si fueran puntos. Para los antiguos griegos y romanos era completamente normal que un gran héroe, al final de su vida y en virtud de sus acciones, se convirtiera en estrella: Julio César fue transformado por el poeta Ovidio en un cometa; Orión, el cazador asesinado por error por otra cazadora, Diana, se convierte en una constelación.

¿VERDADERO O FALSO?

La estrella polar está fija en el universo.

FALSO. Se mueve, pero alineada con el eje terrestre. Está muy lejos de nosotros (323 años luz) y, por tanto, por la perspectiva nos parece que está fija. Además, ya lo sabes: en el universo todo se mueve.

Las constelaciones

Empecemos a poner nombres: Dubhe, Merak, Phecda, Megrez, Alioth, Mizar y Alkaid.

Siete estrellas que no se conocen entre ellas y viven pacíficamente en nuestra galaxia a distancias de muchos años luz entre sí.

Sin embargo, si tú y tu vaca os tumbáis en el jardín, solo necesitaréis un dedo para señalarlas todas y uniendo los puntos uno a uno ante tus ojos adoptarán la forma de un carro. Que es un nombre que a tu amiga no le gusta, porque se piensa que tendrá que tirar de él. Prefiere llamarla Osa Mayor, como hacían los griegos. Ahora, mira las dos estrellas que forman el lado corto de la Osa Mayor, las más alejadas de la vara, y extiende su línea con el dedo unas cinco veces su distancia.

Allí encontrarás Polaris, la estrella polar, que a su vez forma parte de un carro más pequeño, llamado Osa Menor.

Y luego están el Cisne, Orión, Casiopea, Perseo... y la lista se duplicaría en un instante si nos teletransportáramos al otro hemisferio, donde podríamos admirar una porción diferente del cielo.

Cada constelación tiene su propia leyenda y ocupaba un lugar especial en el cielo de los antiguos.

Ahora estamos a punto de hacerte una pregunta que no tiene nada que ver con la ciencia, sino con las estrellas y nuestra idea de un gran plan del universo.

9

¿CÓMO «LEEMOS» LAS ESTRELLAS?

Si tienes algo de imaginación y miras al cielo estrellado, querrás poner un nombre a todas esas luces. Esas mismas ganas las tuvieron tus antepasados en todos los rincones del mundo. Algunos nombres han tenido más éxito que otros: los de las doce constelaciones del zodíaco, inventados por los sabios babilonios que las estudiaron desde los tejados de sus zigurats. No es casualidad que, en el relato del nacimiento de Jesús, tres de esos sabios, los Reyes Magos, llegaran hasta nosotros siguiendo un cometa. En la Antigüedad se pensaba que las estrellas formaban parte de nuestra vida cotidiana.

Por eso, además de ponerles un nombre, intentaban «leer» sus movimientos, para ordenar el presente y predecir el futuro.

Los astrólogos

Érase una vez, en el año 2159 a. C., un emperador chino llamado Zhòng Kāng. Un día, todo su vasto imperio se vio oscurecido por un repentino eclipse solar que los astrólogos de la corte, Hsi y Ho, no habían predicho. El emperador convocó a Hsi y Ho ante él.

Y vivieron felices y comieron...

No, ni vivieron felices ni comieron perdices.

En realidad, no vivieron en absoluto: Hsi y Ho fueron decapitados de inmediato.

¿Por qué? Pues porque no habían predicho el eclipse. Y porque, desde hace milenios, saber leer las estrellas es algo que ha tenido un papel fundamental en todas las sociedades humanas, en los lugares más dispares del mundo.

La idea de que los cuerpos celestes deciden el destino de los pueblos ha estado siempre arraigada en el pensamiento humano, hasta el punto de que, los tér-

minos **ASTRONOMÍA** y **ASTROLOGÍA** durante muchísimos años fueron tan similares que casi eran sinónimos.

Dicho esto, aunque los signos zodiacales sean antiguos, no todo lo antiguo tiene por qué ser cierto: en la Antigüedad se pensaba que las abejas eran pájaros y que el castor era un pez, y no lo son. Las constelaciones del zodíaco son aquellas en las que se veía salir el Sol durante el transcurso del año. Pero esto es solo un efecto de perspectiva, ya que todo se mueve, incluido el lejano fondo del universo «detrás» del Sol.

La ciencia ha «refutado» las bases de la astrología (según las cuales, los astros influyen de alguna manera en nuestras vidas) al aplicar el método científico: es decir, ha «demostrado» que no son ciertas. En 1985, a 28 astrólogos se les proporcionó la información zodiacal de unas cuantas personas, la llamada *carta astral* y, además, toda la información relativa al carácter, la personalidad y los hábitos de vida de esas mismas personas ya adultas. Se les pidió que relacionaran ambas informaciones entre sí. Si la astrología fuera cierta, a la información del nacimiento debería corresponderle un carácter, ¿correcto? Pues no.

GLOSARIO

ASTRONOMÍA/ASTROLOGÍA

El primer término deriva del griego *astron* ('estrella') y *nomos* ('ley', 'norma'), y se refiere a la ciencia que estudia los cuerpos celestes y sus movimientos. El segundo, en cambio, deriva de *logos* ('discurso') y es el nombre de una pseudociencia que se basa en la observación de los astros para predecir sucesos futuros.

La astrología, aunque tenga una larga y prolífica tradición cultural, no se considera una disciplina científica porqué sus predicciones no se pueden validar a través de unos métodos verificables.

Trabajar con las estrellas

Aunque la actividad de los astrónomos haya cambiado a lo largo de los siglos, hay un hilo conductor que vincula la astrofísica moderna con los sacerdotes de la Antigüedad, ya fueran caldeos, egipcios, dogones, indios, chinos, mayas o incas, y este es el anhelo de orden y de conocimiento.

ASOCIACIONES DE ASTRÓFILOS

Lo sabemos: es probable que seas un apasionado de las estrellas y de todo lo que está por encima de tu cabeza. En tal caso, podemos recomendarte buscar una de las muchas asociaciones locales de astrónomos aficionados que existen en España y en el resto del mundo. Están abiertas a todos, sin importar el nivel de conocimiento podrás contribuir a la investigación más puntera.

A diferencia de muchas disciplinas científicas, y dada la inmensidad del universo que se puede observar, la astronomía continúa siendo una de las pocas en las que la contribución y el trabajo de investigación de los aficionados es aún muy importante, gracias sobre todo a la invención de los telescopios. Piensa que, por ejemplo, John Flamsteed, dedicó su vida a catalogar más de 3.000 estrellas.

Si en la actualidad estudias astrofísica, te puedes especializar en una infinidad de ramas: astrofísica solar, planetaria, extragaláctica, estelar y muchas otras. También es posible dar un enfoque «estelar» a muchas otras profesiones: la astroquímica, la astrobiología, la arqueoastronomía (el estudio de las construcciones y edificios astronómicos de las antiguas civilizaciones), la astronáutica (cómo se construyen los vehículos espaciales). Pero también puedes convertirte en un respetado astrónomo aficionado, es decir, un astrófilo, si te compras un buen telescopio y te unes a una de las muchas asociaciones y clubes, capaces de hacer importantes descubrimientos. El término *ciencia ciudadana* engloba todas las actividades de investigación científica en las que pueden participar los ciudadanos normales y corrientes. Y las observaciones astronómicas de millones de aficionados entusiastas son un excelente ejemplo de ello.

> **«La astronomía es una de las pocas ciencias que se vale del trabajo de investigación de los aficionados.»**

¿Quién ha puesto nombre a las estrellas?

De Acamar a Zubeneschamali, pasando por Bellatrix, Vega, Nekkar, Cástor y Kornephoros. Sin olvidarnos de estrellas con nombres más familiares, como Askella, Mago, Musica y Mimosa. Es fácil decir «estrella», pero pasar lista de toda la galaxia parece una tarea imposible. De hecho, cada estrella tiene su propio nombre, pero no sin confusión, porque suele cambiar de una cultura a otra o de un país a otro. Por este motivo, desde hace algunos años, la Unión Astronómica Internacional (UAI), la organización de astrónomos más importante del mundo, ha pedido a algunos científicos que pongan orden a los nombres de las estrellas. Así nació el Grupo de trabajo de la UAI para el nombre de las estrellas, formado por numerosos sabios que se dedican a bautizar a las estrellas de forma oficial, con los nombres que consideran más correctos, más usados o que cuentan con más tradición. Hasta el momento, la lista incluye casi quinientos nombres propios, pero todavía queda un largo trecho por recorrer. Por lo menos, la cosa

resulta más fácil con los nombres comunes de las clases de estrellas, pues la masa y la luminosidad son suficientes para definir su perfil y clasificarlas de forma universal. Las *enanas amarillas*, por ejemplo, son estrellas grandes y brillantes, como nuestro Sol. En cambio, el tamaño de las *enanas naranjas*, como Alfa Centauri B, es más pequeño y su luz es más oscura. Por lo que respecta a las *enanas rojas*, que son las que podemos observar con más frecuencia en nuestra galaxia, son estrellas más viejas y frías, y emiten una intensa luz rojiza. Las *enanas marrones* son un intermedio entre una estrella y un planeta, con una masa que es entre 13 y 80 veces la de Júpiter. Y ya que hablamos de tamaños extragrandes, ha llegado la hora de las gigantes. Empezamos con las *gigantes rojas*, que se forman cuando una enana amarilla ha consumido todo el hidrógeno de su núcleo. Luego vienen las *supergigantes*, que son estrellas con una masa entre 10 y 100 veces mayor que la del Sol, que pueden ser azules o rojas según su temperatura (más o menos alta), algunas de las cuales explotarán como supernovas. Si encuentras una de estas, envíanos un selfi, pero no te olvides de usar el filtro «crema bronceadora».

ENANAS AMARILLAS

ENANAS NARANJAS

ENANAS ROJAS

ENANAS MARRONES

(SOL)

Según su órbita, las estrellas pueden ser simples o binarias, es decir, se desplazan solas o en pareja. Sirio A y Sirio B, de la constelación del Can Mayor, son un ejemplo de ello. Las dos estrellas giran una alrededor de la otra, la joven y brillante Siro A y la más pequeña nana blanca Sirio B.

Actualmente usamos un único sistema para clasificar las estrellas: las letras O, B, A, F, G, K y M en función de cómo son de frías (M) o calientes (O), mientras que otras estrellas también pueden denominarse con letras distintas, para indicar otras propiedades: por ejemplo, las estrellas C se caracterizan por una atmósfera rica en carbono, etc. Para «leer» las estrellas nos basamos en su luz, puesto que cada tipo de átomo absorbe o emite rayos con diferentes longitudes de onda, llamadas *líneas espectrales*. Al estudiarlas, entendemos qué tipos de átomo contiene la estrella y cuál es su temperatura.

LOS MISTERIOSOS CUÁSARES

Se descubrieron en la década de 1960 y su nombre deriva de QUASAR (*QUASi-stellAR radio source*, o sea, 'fuente de radio cuasiestelar'). Estas fuentes astronómicas de energía emiten ondas de radio, radiación ultravioleta, infrarroja, gamma y rayos X. Son galaxias distantes con un núcleo muy brillante: su gran luminosidad se debe al calentamiento de la materia por la cercanía a un enorme agujero negro, situado en su centro.

Cuando las estrellas inspiran a las estrellas

Los grandes artistas siempre se han inspirado en el misterio de las estrellas, como se inspiró Vincent van Gogh para pintar su óleo *La noche estrellada*, después de tres noches estivales contemplando el paisaje que se veía desde su ventana, justo cuando en el cielo brillaba el «lucero del alba» (o «estrella de la mañana», es decir, Venus, que no es ninguna estrella, pero ya sabes cómo son los artistas).

«Para "leer" las estrellas nos basamos en su luz.»

Dante Alighieri las menciona 56 veces en la *Divina comedia*. Su amigo Giotto las pinta en el techo azul de la capilla de los Scrovegni, en Padua. Había estrellas en la tumba de la reina Nefertari, en Egipto, y en el mausoleo de Gala Placidia, en Ravena, y también en los lugares más recónditos de la Tierra. Y David Bowie cantaba *There's a starman waiting in the sky* ('Hay un hombre de las estrellas que espera en el cielo').

Un alien, como E.T. Un extraterrestre.

Ah, ¿por qué? ¿No crees en ellos?

10

¿EXISTEN LOS EXTRATERRESTRES?

En nuestra opinión, sí. Casi con toda seguridad no son verdes, es poco probable que tengan antenas y que posean cañones formidables capaces de disparar baba gelatinosa con sabor a fresa.

Los hemos imaginado de todas las formas posibles: desde el simpático E. T. hasta el aterrador Alien, desde el *Predator* ('Depredador') escondido entre las selvas centroamericanas hasta los colosales trípodes de *La guerra de los mundos* inventados por H. G. Wells, cuya invasión fue narrada por Orson Welles en la broma radiofónica más famosa del mundo; desde los graciosos protagonistas de *Futurama* hasta las 176 especies alienígenas que aparecen en la serie de exploraciones galácticas *Star Trek*.

Hemos imaginado que algunos de los lugares más extraños de nuestro planeta son, de alguna manera, extraterrestres, pero, de hecho, no tenemos ningún contacto ni prueba de la existencia de vida en el espacio, aparte de la del planeta Tierra.

LA FORTALEZA DE SACSAYHUAMÁN SE HALLA EN LOS ANDES Y ESTÁ HECHA CON BLOQUES DE PIEDRA ENCAJADOS COMO EN UN PUZLE. NO ESTÁ CLARO CÓMO PUDIERON HACERLO.

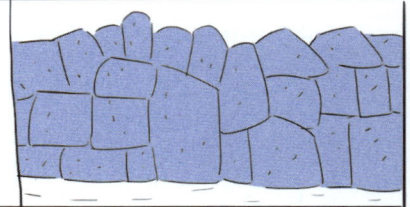

LAS LÍNEAS DE NAZCA SON LÍNEAS RECTAS, EN APARIENCIA TRAZADAS AL AZAR, PERO QUE VISTAS DESDE ARRIBA SE TRANSFORMAN EN UNA ARAÑA, UN MONO Y UN COLIBRÍ.

LAS PIRÁMIDES DE GUIZA: EN EL DESIERTO, EN LAS AFUERAS DE EL CAIRO, HACE 4.500 AÑOS SE CONSTRUYERON TRES ENORMES PIRÁMIDES. PERO, ¿CÓMO?

LA CARA DE MARTE FUE FOTOGRAFIADA EN 1976 POR LA SONDA VIKING I. ES SOLO UN EFECTO DE SOMBRAS, ¡PERO AHÍ ESTÁ!

Los astrofísicos creen que no hay ninguna razón de peso por la que no pueda haber otro tipo de vida en el universo. El problema es lograr establecer contacto.

Y también, quizá, decidir qué es exactamente la «vida».

Y el problema es aún más grave que eso.

Ni siquiera están de acuerdo sobre qué es la vida.

Así que no solamente tenemos dudas acerca de E. T.

También las tenemos con relación a ti.

La vida en la Tierra

Por lo menos desde la época de Aristóteles (hace unos 2.300 años), la humanidad se pregunta qué es la vida, y todavía no hemos hallado una respuesta.

¿Quieres probar? Por favor, adelante.

¿Lo que se mueve está vivo y, lo que está quieto, muerto?

Buen intento, pero si fuera así, una piedra lanzada al aire estaría viva, mientras que tu mejor amiga, que no se mueve mientras escucha su canción favorita recostada en la cama, no.

Entonces, ¿está vivo aquello que crece, se desarrolla y envejece?

Interesante, pero resulta que ciertas máquinas inteligentes también se desarrollan y crecen: una supercomputadora capaz de procesar y trabajar con miles de millones de datos, ¿está tan viva como tu gato?

La vaca ciertamente está viva, así como los perros, los hombres y todos los demás animales capaces de reproducirse, pero ¿están también vivos los virus, los cuales, para multiplicarse y sobrevivir deben hospedarse como pará-sitos en una célula?

La mejor respuesta que te podemos dar es que no lo pienses demasiado. Estate abierta a todas las posibilidades, porque podría haber vida en el universo, pero podría tener formas y aspectos muy diferentes a los que ves en las películas...

PELÍCULAS Y LIBROS SOBRE EL ESPACIO

Hay historias que cuentan mejor que otras nuestra sorpresa ante las maravillas del universo. Algunas dan miedo, otras son difíciles de entender, pero todas son a prueba de vaca. *La llegada* es la historia de una posible lengua de los alienígenas; *La guerra de los mundos*, de cómo podrían invadirnos; *Sunshine*, de cuándo se apagará el Sol; *Interstellar*, de qué hay dentro de un agujero negro; *Armageddon*, de cómo evitar el impacto de un asteroide; *Avatar* de cómo se podría evitar la destrucción de una civilización alienígena; *El marciano* de cómo cultivar patatas en Marte.

Y algunas de las historias espaciales más emocionantes pueden hacerte reír y asustarte.

Expanse es quizá la serie de novelas mejor escritas sobre la exploración del sistema solar; en *Cadwal Chronicles* se explica cómo gestionar un planeta que es un bosque gigantesco; en *Mercaderes del espacio*, lo difícil que es hacer buenos negocios en el espacio; *Hyperion* es una potente novela visionaria; *¡Tierra!*, *Trueque mental* y *Guía del autoestopista galáctico* harán que te partas de risa.

La búsqueda de vida extraterrestre

Incluso en nuestro planeta se han producido avistamientos incomprensibles, que, con todo, parecen creíbles: son los objetos voladores no identificados, los ovnis. Hay entusiastas de ellos en todo el mundo y, tal vez, expedientes secretos al respecto, pero, hasta ahora, nada firme ni cierto, o al menos desde un punto de vista científico, es decir, público, verificable y repetible.

De todos los proyectos de búsqueda de extraterrestres, el más interesante es SETI@Home, en el que durante mucho tiempo cualquiera podía participar descargando una aplicación que aprovechaba parte de los recursos de cálculo del propio ordenador para analizar señales de radio procedentes del espacio, en busca de señales extraterrestres. Pero, por ahora, nada.

La gran esperanza para los cazadores de extraterrestres reside precisamente en toda esa porción de cosmos que aún solo podemos vislumbrar apenas y que se dice que contiene 1 gúgol de estrellas (si no sabes a cuánto equivale 1 gúgol, búscalo en... Google) y un número incalculable de exoplanetas (es decir, planetas fuera del sistema solar).

Los exoplanetas

Existen millones de planetas más allá del sistema solar, pero hasta 1995 no habíamos identificado ni siquiera uno. El primero fue 51 Pegasi b, descubierto por la Universidad de Ginebra, del cual se supo la existencia analizando los pequeños cambios que su paso causaba en el espectro luminoso de la estrella alrededor de la cual orbita.

Debería haber al menos un planeta alrededor de cada estrella, pero el problema es verlo. Y quién sabe si uno de ellos podría ser parecido a la Tierra, alrededor de una estrella similar al Sol. Para descubrir otros exoplanetas hemos esperado al telescopio espacial *Kepler*, en órbita desde 2009 y que se dirige hacia una porción del cielo con 150.000 estrellas (muy pequeña y, al mismo tiempo, enorme), y ya hemos registrado las fluctuaciones de miles de posibles exoplanetas (puedes consultar la cifra actualizada en el sitio web de *The Extrasolar Planets Encyclopaedia*).

Y gracias a otros telescopios como el *Hubble* o el *Spitzer*, el nuevo James Webb que sustituirá los anteriores, *CoRo,* de la Agencia Espacial Europea, y *TESS* (este último dedicado de forma específica al descubrimiento de planetas remotos), sabemos que hay exoplanetas que tienen anillos como Saturno, y otros, como los espectrales planetas del púlsar Lich, que orbitan alrededor de una estrella muerta, o tan cerca de esta que literalmente se están «evaporando». Hay uno que tiene una atmósfera formada por zafiros y rubíes transportados por el viento y luego está Matusalén, con sus trece mil millones de años. Se cree que es el más antiguo, uno de los primeros en formarse después del Big Bang. El más cercano a nosotros es Proxima B, que está «solamente» a 4 años luz: su tamaño es 1,3 veces el de la Tierra, pero parece que es muy caliente.

¿Podría haber vida inteligente, como la nuestra, allá arriba?

Y sobre todo: ¿estamos seguros de que la nuestra lo es?

LAS SONDAS

Hemos lanzado sondas para intentar comprender mejor lo que hay más allá de los oscuros confines del sistema solar. En 1972 y 1973, *Pioneer 10* y *Pioneer 11* partieron con el objetivo de superar el cinturón de asteroides y llegar a Júpiter, Saturno y más allá, llevando consigo una placa en la que está representada la posición de la Tierra en la Vía Láctea y las figuras estilizadas de un hombre y una mujer.

La sonda *Voyager 1* se encuentra a 23 mil millones de kilómetros de la Tierra y, de los objetos construidos por los seres humanos, es el más distante de nuestro planeta.

La *Voyager 2* se encuentra a 19 mil millones de kilómetros de la Tierra y transporta un disco de oro que contiene 115 imágenes de nuestro planeta y de las personas que lo habitan, entre ellas una mujer en el supermercado, un anciano con barba y dos ilustraciones de órganos sexuales masculinos y femeninos (que costaron el puesto de trabajo a quien las había seleccionado), frases en 55 idiomas (incluidas lenguas antiguas como el sumerio), el sonido de olas, viento y truenos, el canto de los pájaros y el de las ballenas. Contiene un saludo de los entonces presidentes de Estados Unidos y de la ONU. Hay piezas de Bach y Beethoven, pero también de Chuck Berry y *El cóndor pasa*.

Y, en el disco de oro mandado al espacio, hay también una frase en español: «Hola y saludos a todos».

Vivir en Marte

Para poder vivir en otro planeta tenemos que hacer que sea parecido a la Tierra o, dicho de otra forma, debemos *terraformarlo*, lo que no significa que tengamos que convertirlo en una bonita pradera, pero casi. Hace tiempo que le damos vueltas, al menos desde que descubrimos que Marte se parece bastante a nuestro planeta.

Antiguamente, el «planeta rojo» gozaba de temperaturas suaves y el agua fluía en su superficie. ¿Qué pasó? ¡Misterio! Tan solo sabemos que su atmósfera se ha vuelto más fina, hasta el punto de no ser apta para la vida.

En pocas palabras, deberíamos llevar a Marte el exceso de CO_2 que está dificultando la vida en la Tierra, es decir, todos nuestros gases de efecto invernadero. Si lo consiguiéramos, Marte tendría un escudo gaseoso capaz de retener más rayos solares e impedir que escaparan de nuevo hacia el espacio, aumentaría la temperatura, se derretiría el agua que ahora está congelada en el subsuelo, se volverían a llenar los mares y ríos, se formarían nubes y llovería, y el planeta estaría cubierto de vegetación pasados cien años. Las plantas estarían encantadas con este ambiente rico en dióxido de carbono y comenzarían a transformarlo en oxígeno. Quizá se necesitarán decenas de miles de años hasta que el aire fuera respirable, una miseria de nada en comparación con la edad del universo. Y quizá un día vayamos todos a vivir allí, cuando, dentro de 2.800 millones de años, la vida en la Tierra se haya vuelto imposible por el exceso de calor.

Pero también hay contraindicaciones: por ejemplo, en Marte podría haber especies vivas latentes, microbios y bacterias desconocidos que podrían despertar después de un letargo de unos miles de millones de años y con los que no está claro que nos acabemos llevando bien. ¿Seremos capaces de sacar adelante un proyecto de unos cientos o miles de años? Creemos que sí. Tus antepasados trabajaron durante generaciones para construir monumentos y adquirir conocimientos astronómicos; así que, ¿por qué no hacerlo también nosotros? Ten en cuenta que los sacerdotes del dios solar Mitra conocían la precesión de los equinoccios (el fenómeno de cambio del eje de rotación de la Tierra, del que hemos hablado, que dura más de 25.000 años): ¿cómo podían conocerlo si no es porque lo habían estado observado durante siglos?

11

¿PUEDE UN ASTEROIDE CHOCAR CONTRA LA TIERRA?

¿Y por qué no? No es por asustarte, pero sabes muy bien que ya nos ha pasado antes, y no una única vez. Por otro lado, el espacio no está vacío; al contrario, hay de todo: partículas, radiación electromagnética, rayos cósmicos, asteroides e incluso materia que no vemos pero que está ahí, y que denominamos *materia oscura*.

Pero ¿qué es el espacio? ¿Dónde empieza y dónde termina? Fácil: hay una línea fronteriza imaginaria, llamada *línea de Kármán*, a 100 kilómetros por encima de ti, que marca el inicio.

Puedes considerarte astronauta si te encuentras a una altitud de cien kilómetros sobre el nivel del mar.

Y en ese momento te sentirás mal, porque allá arriba hace frío, bastante frío, y la sensación de vacío es real. Un metro cúbico de espacio contiene solamente unos pocos átomos de hidrógeno u otras partículas, tal vez una molécula entera, si tienes mucha suerte (piensa que, en cambio, en el aire que te rodea hay 10^{25} moléculas, es decir, un 1 seguido de 25 ceros). Así, en el espacio no hay fricción (o en todo caso, muy poca): cada vez que te mueves en la Tierra, tus movimientos se ven obstaculizados por el aire, por la superficie sobre la que caminas y por la gravedad, mientras que en el espacio no hay nada que te frene.

Podemos llamar *espacio interplanetario* al existente entre los distintos planetas del sistema solar, donde «sopla» el viento solar, el flujo de partículas que emana del Sol, y donde ejerce su efecto el campo magnético generado por él.

El *espacio interestelar* es el espacio físico que hay dentro de una galaxia, entre estrellas y planetas. Luego, el *espacio intergaláctico* es el espacio físico entre galaxias, donde se cree que existe una estructura cósmica filamentosa, el plasma intergaláctico, que de alguna manera las conecta. ¿Tal vez sean hilos de hidrógeno ionizado? Quién sabe.

Si estuvieras ahí fuera, sin traje ni casco, no durarías mucho. Las películas y los libros nos hablan de personas que deambulan por el espacio, como globos, hasta explotar. A decir verdad, la realidad no es mejor: asfixia, embolia, congelación... En resumen, es mejor si regresas a la base de inmediato, ¿no te parece?

¿Qué son los asteroides?

Obviamente, además de las estrellas, los planetas, los cometas, los agujeros negros, también están los corpúsculos no deseados, los que llamamos ASTEROIDES, esos que te golpean cada vez que viajas tan tranquila en tu nave espacial.

Se trata de rocas, más o menos grandes, que se desplazan a gran velocidad. Su diámetro es muy variable: el mayor de los asteroides, con un diámetro de 950 kilómetros y nombre de tipo duro, Ceres, fue «ascendido» a planeta enano, por lo que el asteroide más grande pasó a ser Vesta, con sus 525 kilómetros de diámetro. También enviamos una sonda, la *Dawn*, que en 2015 observó cráteres, cañones y montañas en Ceres. ¿Quién sabe si alguna vez tuvo mar?

GLOSARIO

ASTEROIDE
Del griego *asteroidés* ('con forma de estrella'), es un pequeño cuerpo celeste, carente de forma esférica y con un diámetro inferior al kilómetro, aunque no faltan los cuerpos de gran tamaño.

La mayoría de los asteroides son pequeños y orbitan entre Marte y Júpiter: son cuerpos rocosos, de superficie accidentada e irregular, restos de la época en que se formaron los planetas del sistema solar. Los asteroides chocan frecuentemente entre sí y algunos incluso tienen pequeñas lunas propias.

Algunos asteroides orbitan por su cuenta, describiendo su propia órbita equilibrada por algún otro planeta del sistema solar. Son los llamados *troyanos*, como el caballo, y nosotros también tenemos dos de estos: TK7 y XL5.

Hay más de 35.000 asteroides que orbitan cerca de la Tierra (conocidos con la sigla inglesa NEA, de *Near-Earth Asteroids*), y no todos tienen una órbita que se cruce con la terrestre (ECA, de *Earth-Crossing Asteroids*). Más de 2.000 están identificados como potencialmente peligrosos y también muy difíciles de detectar, porque son negros sobre un fondo negro, y los únicos instrumentos que tenemos para detectar sus órbitas son los radares y los telescopios ópticos.

Mejor alejarlos, antes que destruirlos

Y si acaba llegando uno, ¿qué hacemos?

Solución uno: huir.

Solución dos: hacemos que explote, lanzándole un bonito misil, ¡como en la película *Armageddon*! La idea es tentadora, pero si lo rompemos en pedazos es muy probable que los fragmentos nos caigan igualmente encima, sin orden ni concierto. Quizá, como bien sabe todo buen portero, ante ciertos balones peligrosos, es mejor si te conformas con desviarlos.

La NASA ha puesto a punto una estrategia de este tipo, consistente en una serie de sondas espaciales capaces de desviar la trayectoria de algunas rocas muy amenazadoras.

Es la misión DART (en español, 'dardo') y se basa en sacrificar una sonda de media tonelada y del tamaño de

GOLPEADA POR UN METEORITO

El 30 de noviembre de 1954, un meteorito cayó en Sylacauga, Alabama (EE. UU.), justo sobre la casa donde vivía la pobre señora Ann Hodges: atravesó el techo, rebotó en una gran radio y la golpeó en el costado. Le hizo un buen moretón y generó una larga disputa para decidir a quién pertenecía esa piedra espacial.

¿Al dueño de la casa o a la señora Hodges, como inquilina? Fue ella la que se salió con la suya, y lo usó como tope de puerta.

¡MÍO!

un frigorífico, capaz de impactar contra un asteroide de 170 metros de diámetro y alejarlo de la portería.

¿Funcionará? Cruza los dedos y confía en la ciencia. Por lo general, en estas ideas absurdas, acierta.

EL GRAN BRAMIDO

Un buen día, hace 66 millones de años, el asteroide más famoso de todos los tiempos (¡con más de 10 kilómetros de diámetro!) chocó con la Tierra. ¿Resultado? Un inmenso cráter de 20 kilómetros de profundidad, 25 mil toneladas de escombros que taparon la luz del sol, terremotos, tsunamis, incendios y, al final, la extinción de los indiscutibles dominantes de la Tierra en ese momento: los dinosaurios. Después de este, el meteorito más grande jamás encontrado en la Tierra mide 2,7 × 2,7 metros y pesa toneladas.

El indiferenciado embrollo orbital

En el espacio que nos rodea también hay miles de satélites artificiales, que lanzamos después de averiguar cómo se hacía (te lo contamos en la pregunta 14) y que hoy empiezan a convertirse en un problema.

Pasan los años, su vida se acorta, perdemos el control sobre ellos, se desprende un tornillo o una pieza pequeña, y esta empieza a girar ahí arriba, a 30 mil kilómetros por hora, y si te alcanza de lleno... ¡ay!

Ya hemos producido más de 9.000 toneladas de chatarra. Hay tantas piezas viejas y satélites muertos que deambulan como zombis alrededor de la Tierra, que ya existen equipos de basureros espaciales inventando varios sistemas para recoger y deshacerse de esta chatarra volante. Por ejemplo, astronaves con redes y garras, grúas espaciales, brazos robóticos en los satélites, láseres para alterar la órbita de los escombros y hacerlos caer en la atmósfera provocando su desintegración.

Venga, un poco de limpieza, que todos tenemos muchas ganas de ver este espacio.

12

¿QUÉ NOS EMPUJA A VIAJAR ENTRE LAS ESTRELLAS?

> VALE QUE EL ESPACIO ES GRANDE, ¡PERO NO PUEDES LLEVARTE TODA ESTA ROPA!

¿No podríamos quedarnos aquí y pastar en paz o beber un vaso de leche y relajarnos del todo? O, confiésalo... Cada vez que miras la Luna, ¿piensas en cómo sería contemplar la Tierra desde allá arriba? ¿O dar volteretas en el cosmos, en situación de ingravidez?

Si algún día se pudiera hacer turismo espacial, como ya han empezado a hacer algunos excéntricos multimillonarios de hoy en día, ¿qué llevarías en tu maleta?

Por una vez no debería importar cuánto pesa, ¿verdad? Pues vaya, estás equivocada.

Porque, para despegar, cuanto más ligera seas, mejor.

«Desde aquí arriba la Tierra es hermosa...»

«... sin fronteras ni confines». Estas son las palabras que pronunció el astronauta ruso Yuri Gagarin, el primer hombre en el espacio, el 12 de abril de 1961, durante la hora y 48 minutos que estuvo orbitando alrededor de la Tierra, acurrucado en la cápsula *Vostok 1*.

No solo no se ven confines: no se ve ningún dios, añadieron los de la propaganda soviética, en el cartel que acompañó la misión, en el cual Gagarin flotaba sobre los campanarios de iglesias y mezquitas de la época.

En su cápsula apenas había sitio para el piloto y no era muy segura: unos años antes, la perra Laika, el primer ser vivo puesto en órbita alrededor de la Tierra, había muerto en una cápsula similar. Pero Gagarin lo logró, y la *Vostok 1* se estrelló en algún lugar de Kazajistán, después de que él saliera catapultado a 7.000 metros de altitud, en su práctico asiento con paracaídas.

Oficialmente, había empezado la carrera espacial.

La carrera espacial

La conquista del espacio no fue solamente una hazaña, sino también el campo de batalla entre dos superpotencias, Estados Unidos y la URSS, que competían para demostrar cuál de las dos podía aspirar a conquistar el mundo entero. Las proezas espaciales se convirtieron en el nuevo teatro de la Guerra Fría («fría» no solo porque por encima de los 10.000 metros hace mucho frío, sino también porque afortunadamente nunca estalló como una auténtica guerra, sino de muchas otras maneras).

Cohetes incluidos: hacen falta motores muy potentes para poder alcanzar los 40.000 kilómetros por hora necesarios para zafarse de la fuerza de gravedad terrestre y ponerse en órbita.

En la carrera espacial, al menos al principio, los soviéticos se adelantaron con su SPUTNIK: fue el primer satélite que enviaron al espacio, el 4 de octubre de 1957, y luego al primer hombre, a la primera mujer, y parecía que no había nada que no pudieran hacer antes que sus competidores.

Pero, en cambio... fueron derrotados en una cosa.

Un paso. Uno muy importante.

GLOSARIO

SPUTNIK
Es una palabra rusa que significa 'compañero de viaje'.

CRONOLOGÍA *SPUTNIKS* ESPACIALES

1947

Moscas del vinagre en un cohete V2, los primeros seres vivos enviados al espacio.

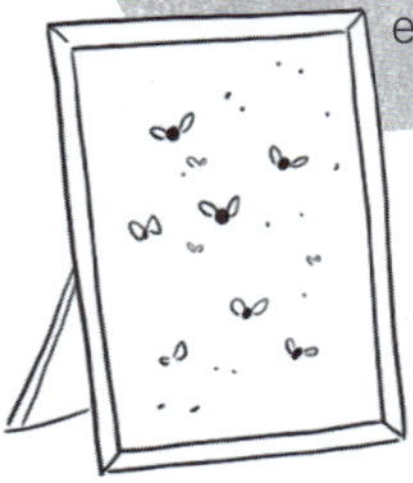

1957

Laika en el *Sputnik 2*, el primer ser vivo en orbitar alrededor de la Tierra. No regresó.

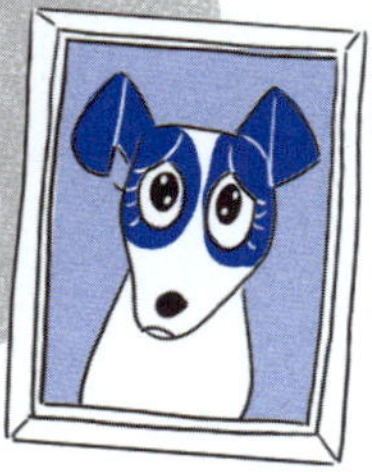

1960

Belka y Strelka en el *Sputnik 5*, las dos perritas soviéticas que regresaron con éxito.

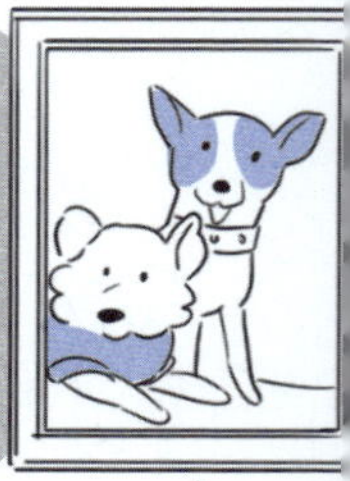

1968

Tortugas en la *Zond 5*, los primeros animales que vuelan alrededor de la Luna y regresan (¡hambrientas!).

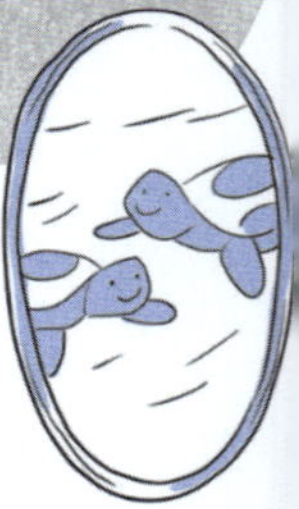

De la Tierra a la Luna

Una leyenda, nunca confirmada, dice que en la época de la misión Apolo el gobierno estadounidense gastó millones y millones de dólares para diseñar un bolígrafo de tinta capaz de escribir en la Luna, mientras que los soviéticos, sin más, usaban lápices. Ya sea cierto o no, lo que es verdad es que se ha gastado mucho dinero, y en cosas muy diversas.

1961
Yuri Gagarin en la *Vostok 1*, el primer hombre en el espacio.

1965
Alekséi Leónov en la *Vosjod 2*, el primer hombre que hace un paseo espacial.

1963
Valentina Tereshkova en la *Vostok 6*, la primera mujer en el espacio.

2001
Dennis Tito en la *Soyuz TM-32*, el primer turista espacial.

¿Que los astronautas necesitaban cascos ligeros con un sistema de respiración muy eficaz? ¡Muy bien! Se inventaron y son los que usan hoy en día nuestros bomberos, con máscaras antigás.

¿Cómo perforamos las rocas lunares para recoger fragmentos si allá arriba no hay enchufes eléctricos? ¡Dicho y hecho! Y de ese prototipo nació toda la tecnología inalámbrica que aún utilizamos en la actualidad.

Incluso el velcro, esas fantásticas tiras que mantienen cerrados los zapatos sin cordones, fue diseñado para permitir que los astronautas durmieran en ausencia de gravedad, manteniéndose atados a la cama durante el sueño.

El programa americano Apolo fue anunciado solemnemente en 1962, con una frase que se ha hecho famosa: «We choose to go to the Moon» ('Elegimos ir a la Luna'). Lo consiguieron en menos de diez años. El 20 de julio de 1969, la

MOLA, PERO NO SIRVE

Para una nave espacial, la forma del casco no importa demasiado. Así, la más práctica de todas es la *Estrella de la Muerte*, de la saga de *Star Wars*, que es esférica, como los planetas. En ella se ha reducido al mínimo la superficie expuesta a asteroides y otros cuerpos espaciales, puede usar cualquier arma mientras gira y tiene el puente de mando en el centro.

En fin, que si no fuera por Luke Skywalker sería indestructible.

noche más importante en la historia de la humanidad, Buzz Aldrin y Neil Armstrong por fin alunizaron. Luego, Neil dio su famoso paseo. El tercer tripulante, Michael Collins, dio once vueltas en solitario alrededor de la Luna, con la tarea de atraparlos una vez que se hubieran vuelto a poner en órbita y traerlos de regreso a la Tierra (o, si el acoplamiento hubiera fallado, regresar solo).

Algunas buenas razones para NO regresar a la Luna

Ir a la Luna es muy caro. Todos tus ahorros no son suficientes para cubrir los 385.000 kilómetros de distancia necesarios.

Además, hace un frío terrible.

Los trajes espaciales tienen hasta catorce capas de material aislante y permiten resistir la temperatura de la Luna durante un máximo de siete u ocho horas, más allá de las cuales los astronautas se convierten en carámbanos.

Además, la Luna no tiene atmósfera. El satélite está lleno de impactos y cortes, por lo que, además de estar expuesto a los meteoritos, es muy vulnerable a la radiación solar.

El oxígeno está atrapado en las piedras, el agua solo está en forma de hielo, no hay gravedad y ni siquiera hay un lugar decente para dormir.

¿Y entonces?

Algunas razones de peso para regresar a la Luna

Vivir en la Luna, o dormir en ella aunque solo sea una noche, es un sueño extraordinario y solo por eso estamos seguros de que te gustaría intentarlo. Y no eres la única; de hecho, todas las naciones más importantes del mundo están elaborando planes para regresar a nuestro satélite, pasados más de 50 años desde la primera vez.

En fin, se trata de una auténtica carrera hacia la Luna. Puede que sea muy caro ir allí, pero en la Luna hay materiales muy valiosos, como el platino y el titanio: ¿tal vez su extracción podría justificar el gasto del viaje? Pero no solo eso: la erosión, los terremotos y las erupciones volcánicas han eliminado las rocas más antiguas de la Tierra, mientras que la Luna ha permanecido prácticamente igual desde siempre; así, es un gran museo del pasado, listo para ser explorado y analizado. Además, la Luna no tiene atmósfera, por lo que es un lugar perfecto para observar el cosmos sin filtros, una puerta de

DESCIFRAR

Los seres humanos hemos abandonado en la Luna 181,4 toneladas de objetos y restos de diversas misiones, entre los cuales 2 pelotas de golf, 12 pares de botas, 1 kit de higiene personal, 5 banderas de Estados Unidos y 96 bolsas de… ejem… caca y pipí. Y es que allá arriba también te vienen ganas, ¿o qué te pensabas?

acceso privilegiada al espacio cósmico, para construir observatorios más potentes y hacer nuevos descubrimientos. Y, además de construir bases permanentes, es perfecta para aprender a vivir en condiciones extremas y prepararse para una empresa aún más compleja y ambiciosa: poner un pie en Marte.

PARA NOSOTRAS, LOS CÁLCULOS, ¡GRACIAS!

Para garantizar el éxito de las misiones lunares se formó un grupo de excepcionales matemáticas afroamericanas, capaces de proporcionar sus cálculos perfectos a ingenieros y físicos. Eran, entre otras, Katherine Johnson, Dorothy Vaughan y Mary Jackson, las tres protagonistas de una gran película que no te puedes perder: *Figuras ocultas*.

13

¿CÓMO SE HACE PIPÍ EN EL ESPACIO?

¿Qué sería lo primero que harías si te enviaran a orbitar en el espacio?

¿Y lo segundo?

¿Y lo tercero?

Debes prepararte una lista bien larga, si quieres hacer la misma carrera que Guennadi Pádalka, que se pasó 878 días ahí arriba, orbitando a 27.600 kilómetros por hora.

Dos años y pico.

Dos Navidades sin regalos.

Ni un solo paseo en bicicleta.

Sin helados. Ni siquiera una visita de la familia. Nada.

Guennadi ha vivido y trabajado en la Estación Espacial Internacional (EEI), que es nuestra casa (la de todos) en medio de las estrellas.

Para construir una EEI necesitas cientos y cientos de ladrillos cilíndricos de colores, parecidos a latas, ensamblados uno sobre el otro para crear pequeñas habitaciones, todas ellas dispuestas alrededor de un largo pasillo de unos 100 metros. Después, 16 paneles solares que funcionan sin cesar, puesto que la EEI da 16 vueltas a la Tierra cada día (con sus correspondientes 16 amaneceres y 16 atardeceres). La Agencia Espacial Española (AEE) colabora con la EEI a través de proyectos, recursos tecnológicos y financieros.

La EEI

La EEI es un inmenso laboratorio científico... a cielo abierto, un bloque de pisos que orbita alrededor del planeta, en cuyas viviendas se vive día y noche en ingravidez.

¿Qué significa estar sujeto a una fuerza de gravedad tan pequeña? Que los líquidos tienden a subir, en vez de bajar, y por eso hay que beber siempre con pajitas y lavarse con toallitas higiénicas. Si te paras a pensar, la ducha, además de ser muy peligrosa para los instrumentos de a bordo, sería bastante complicada...

Lo mismo ocurre con las necesidades personales: el pipí se canaliza por un tubo amarillo y hay otra caja con un agujero destinada a la necesidad *number two*, como la llaman los estadounidenses, y no hacen falta más explicaciones, ¿verdad?

En ausencia de gravedad también es necesario mantenerse constantemente entrenado, porque cada día en órbita comporta una pérdida de masa esquelética: al no usarlos, los huesos se encogen. Y lo mismo ocurre con los músculos.

El día y la noche se alternan aproximadamente cada 45 minutos y los astronautas duermen sujetos a la pared y con tapones en los oídos, porque el zumbido de fondo de los equipos no cesa nunca.

ESTUDIANTES ASTRÓNOMOS

Pedro Duque es el astronauta más conocido de España y está involucrado en proyectos educativos en colaboración con ESA (European Space Agency). Desarrollan programas que ofrecen a los estudiantes la oportunidad de participar en concursos de investigación científica.

La ESA también ofrece un programa educativo que permite a los estudiantes tener acceso a telescopios y otras herramientas científicas. Los estudiantes pueden hacer observaciones astronómicas reales y analizar los datos igual que los investigadores de la agencia. ¡Anima a tu centro escolar a participar en esta iniciativa!

Las misiones espaciales permiten realizar experimentos en condiciones extremas, son laboratorios volantes y fuentes inagotables de datos que los astronautas van enviando poco a poco a los equipos científicos que, desde la Tierra, coordinan los trabajos de la estación y dirigen las investigaciones. Los científicos y las científicas siempre van tras ideas nuevas: ¿y por qué no las tuyas?

Vivir en la EEI

A bordo de la EEI, las tripulaciones no siempre llevan a cabo experimentos sofisticados. También hay que comer, aprovechar el tiempo libre, lavarse el pelo...

Esta última es, con diferencia, una de las tareas más complicadas, hasta el punto de que muchos astronautas se cortan el pelo antes de subir a la EEI.

LA CARRERA... DE LAS PELIS ESPACIALES

No sabemos si Stanley Kubrick, en 1968, cuando dirigió *2001: Una odisea del espacio*, una de las películas de ciencia ficción más famosas, podía imaginar que tarde o temprano rodaríamos una película en el espacio. En la Estación Espacial Internacional ya se ha realizado la primera película de ficción. De producción rusa, lanzada en 2023, con actores reales, incluye escenas rodadas en el exterior de la estación. La NASA también ha anunciado que el famoso actor Tom Cruise filmará una película en la EEI. ¡Ha empezado una nueva carrera espacial!

La comida se sirve en prácticas bandejas magnéticas donde todo, incluidos los cubiertos, está magnetizado para que no salga volando. Las raciones son iguales para todos, pero cada astronauta puede llevar consigo una pequeña provisión de sus manjares favoritos.

Hay quien jugó al ajedrez en la EEI y Pedro Duque se llevó una guitarra española. Tocar la guitarra le ayudaba a relajarse y a mantener su equilibrio emocional. Otros corrieron maratones casi sin moverse del lugar y algunos aprovecharon para tomar fotos de las estrellas.

También hay quien se dedicó a mantener en orden una de las posesiones más preciadas de todo astronauta: los calcetines. Y es que, allá arriba, el suministro de ropa tampoco es particularmente abundante...

La estación espacial es de todos

La Estación Espacial es de todos, en el sentido de que es un proyecto en el intervienen once países europeos, Estados Unidos, Rusia, Canadá y Japón, gracias a un tratado que establece los modos de acceso a los distintos módulos, de manera muy parecida a cómo se gestionan las bases científicas en la Antártida. El tratado también obliga a los países a compartir todas las investigaciones y descubrimientos: en resumen, lo que nunca hemos logrado hacer en la Tierra, tal vez podamos lograrlo en el espacio. Siempre y cuando respetemos las reglas.

Pero, ¿quién pone las reglas?

14

¿PUEDO COMPRAR
UN TROZO DE ESPACIO?

¿De quién es el espacio? ¿Es de alguien? ¿Se puede comprar? ¿Y cómo llegas allí una vez que lo has comprado? ¿Puedes dar una vuelta por el espacio? ¿Puedes poseer una estrella o un asteroide, o regalar un anillo de Saturno como compromiso?

Tras plantarse en ella la bandera de EE. UU., ¿es la Luna estadounidense?

La respuesta a todas estas preguntas es no.

El espacio es de todos.

O mejor dicho: no es de nadie.

El espacio, según la ONU

La Organización de las Naciones Unidas, el mayor organismo del planeta para la colaboración entre las naciones del mundo, estableció las reglas espaciales en 1967, mediante el *Tratado sobre el espacio ultraterrestre*, el cual fue ratificado por los principales estados del mundo.

El acuerdo establece que el cosmos se puede explorar libremente sin discriminación alguna, y que las misiones llevadas a cabo en el universo deben estar orientadas al bien y al interés de todos. Ahora bien, como fue concebido a finales de la década de 1960, tan solo especificaba como posibles destinatarios de sus reglas a los estados nacionales. En esa época no se podía imaginar que un multimillonario como Elon Musk quisiera ir al espacio por su cuenta (o sea, con una empresa privada).

Así que tenemos que actualizarlo enseguida.

Sin embargo, se trata de una tarea titánica: lograr que las grandes naciones se pongan de acuerdo no ha sido nada fácil, también porque el cosmos, ahora, o quizás en el futuro, está empezando a ser visto como una gigantesca fuente de recursos a la que hay que darle valor.

¿Un ejemplo? Un fragmento de la Luna del tamaño de

> «El cosmos se puede explorar libremente y las misiones deben estar orientadas al interés de todos.»

una semilla fue subastado y vendido por casi 400.000 euros. Ahora entiendes por qué la NASA guarda celosamente en sus centros espaciales de Houston los casi 300 kilos de rocas lunares que sus astronautas han traído a la Tierra.

Y, cuanto más avancemos, más tendremos que hacer frente a rutas espaciales que estarán más transitadas que otras (por ejemplo, las que van a Marte). ¿Quién va primero? Y si pierdes el autobús, ¿el próximo no pasa hasta dentro de diez años?

Satélites por doquier

¿Vamos a la playa mañana? Buena idea.

Bañador, crema, raquetas: todo perfecto. Solo nos falta echar un vistazo a la previsión meteorológica.

Y, ya puestos, comprueba la ruta en el navegador.

Toda esta información, que hoy consideras normal, tus padres la desconocían. Es una combinación alucinante de una nueva tecnología, la de los teléfonos móviles, y los satélites que orbitan alrededor de la Tierra.

De manera más general, *satélite* es el término que usamos para referirnos a cualquier objeto que gira alrededor de un planeta, ya sea natural o artificial, es decir, construido por los seres humanos.

La Luna es un satélite, por ejemplo, pero también lo son los satélites del sistema Galileo, lanzados a partir de 2005 para probar este sistema europeo de radionavegación y posicionamiento por satélite. Son tecnologías que ahora damos por descontadas, pero los británicos, tras el Brexit (el acuerdo para abandonar la Unión Europea), se dieron cuenta de que ya no podían usar estos satélites, y han corrido el riesgo de quedarse sin mapas actualizados.

El *Sputnik 1*, el primer satélite artificial, era una esfera de aluminio del tamaño de una pelota de playa, con cuatro antenas y baterías internas como las de un transistor.

Hoy en día, los nuevos satélites son mucho más complejos.

Tecnología orbital

Los satélites modernos tienen instrumentos sofisticados a bordo, importantes sistemas de comunicación, telescopios internos y, sobre todo, se autoalimentan mediante paneles fotovoltaicos colocados en sus «alas», los cuales, gracias a los rayos solares, les proporcionan gran parte de la energía necesaria para su funcionamiento.

Un satélite de última generación suele tener uno o más cohetes, porque puede ser necesario cambiar su rumbo o dirección desde la Tierra. Además, disponen de protecciones de varias capas, similares al papel de aluminio, que sirven para proteger la estructura del sobrecalentamiento y enfriamiento excesivo, ambos muy dañinos para el equipo.

¿Cuántos satélites hay en órbita?

Se desconoce el número exacto, porque muchos son satélites militares o destinados a la seguridad nacional, por lo que su existencia se mantiene en secreto, al igual que los posibles enfrentamientos entre este tipo de satélites. La Agencia Espacial Europea estima 35.000 objetos en órbita de más de 10 cm, de los cuales más de 9.100 son activos y alerta del gran crecimiento de la actividad en el espacio por las iniciativas de las empresas privadas.

¿Y son útiles?

¡Por supuesto! Realmente nos han cambiado la vida.

GPS, telecomunicaciones, observación terrestre...

Como suele ocurrir, fue un escritor el que tuvo la intuición y lo acertó antes que los demás: Arthur C. Clarke imaginó un satélite colocado en órbita para que puntos distantes de la Tierra se comunicaran entre sí. La señal parte de un punto del planeta, sube al cielo y es lanzada hacia abajo como si un espejo la reflejara. Para que el sistema funcione, lo importante es que el satélite esté quieto en el cielo respecto a nosotros, una ilusión que podemos conseguir si lo lanzamos a una cierta altura (normalmente 36.000 kilómetros desde la

«Se desconoce el número exacto de satélites espaciales.»

superficie de la Tierra) y a una velocidad orbital muy concreta (la misma que la de rotación de la Tierra).

En los años sesenta, el ejército estadounidense aprovechó la idea de Clarke para poner en órbita 23 satélites y controlar así sus submarinos.

La idea de la brújula espacial era bastante sencilla: quién está más arriba, y por tanto tiene mejor vista, ayuda a quién está más abajo a orientarse (¡incluso bajo el mar!).

Funcionó, y de ahí nació el actual GPS (*Global Positioning System*), que hoy te permite detectar la posición de cualquier barco, avión, coche o persona en el mundo con un margen de error inferior a veinte metros.

ALGÚN MICROSEGUNDO DE MÁS

En la pregunta 4 te hemos hablado del espacio-tiempo y te hemos explicado que la gravedad también hace que el tiempo se ralentice, lo que hace que, para los satélites, a kilómetros de altura, el tiempo sea diferente al tuyo en la Tierra, por unas fracciones de segundo. Hay que tener en cuenta esta pequeña corrección; si no, en un solo día, el GPS podría acumular un error de hasta 15 kilómetros.

Y entonces sí que llegarías tarde a tu cita.

La mayoría de las telecomunicaciones también usan las señales de los satélites.

Si sigues un partido de la NBA en directo o descuelgas el teléfono cada vez que quieres saber cómo les va a tus primos lejanos en Australia, probablemente estés usando la comunicación por satélite.

Pasa lo mismo si navegas por internet desde determinadas zonas del mundo que son especialmente inaccesibles y a las cuales no llega la fibra óptica ni el ADSL.

Echa una ojeada

Otra tarea fundamental de los satélites es observar el planeta y recopilar información muy útil, por ejemplo para la meteorología, que te permite saber si mañana en la playa hará sol o no, o si este fin de semana volverá a llover en el pueblo de tus abuelos.

Pero no solo eso.

Vigilamos las temperaturas, la tierra, los cultivos y el estado de los mares y las costas. Así, por ejemplo, los satélites fueron los primeros en notar que la superficie del hielo está menguando en el Ártico y en enviarnos la señal de alarma.

Evidentemente, también tenemos satélites militares, que se usan para controlar y planificar incursiones y acciones, o para espiar a los adversarios.

Un poco como el gran ojo de Sauron, desde la torre de Mordor en la saga del Señor de los Anillos.

15

¿ACABAREMOS VIVIENDO EN EL ESPACIO?

Quién sabe.

No en los próximos cien años; tal vez pasen más de doscientos. Pero no mucho más tarde. Hoy en día aún es imposible vivir en el espacio e incluso el simple hecho de viajar por él es especialmente caro y difícil.

Pero vacas aparte, vale la pena: ser astronauta es uno de los mejores trabajos del mundo, también porque es el único que se puede hacer literalmente *fuera* de este mundo. Es algo que siempre ha cambiado la vida de quienes han elegido dedicarse a ello: Sally Ride, la astronauta estadounidense más famosa, participó en dos misiones espaciales en

1983 y 1984, y pasó el resto de su vida hablando de ciencia a niños y jóvenes. Samantha Cristoforetti (AstroSamantha, para los amigos) una de las astronautas europeas más famosa ha pasado 370 días en el espacio, desde el 10 noviembre de 2014 hasta el 11 de junio de 2015, y del 27 de abril de 2022 hasta el 14 de octubre de 2022. Para ello, tras graduarse en ingeniería, se sometió durante años a un entrenamiento agotador. Piensa que, con ella, se presentaron casi 9.000 candidatos a la ESA, la Agencia Espacial Europea, y solo admitieron a seis.

¿Qué te parece? ¿Te gustaría ser astronauta? Si quieres presentar una solicitud, puedes escribir un correo electrónico a la ESA o llamarlos por teléfono. Son muy amables.

En cualquier caso, si imaginas un futuro entre las estrellas, un grado técnico te iría muy bien, pero no es el único camino posible. Con todo, hay algunos requisitos fundamentales: será *very* necesario que hables inglés muy *well*, pues, como ya habrás visto en la mayoría de las pelis de ciencia ficción, incluso los extraterrestres lo hablan. Y será mejor que tu forma física sea excelente: como hemos visto, la ausencia de gravedad pone el cuerpo a prueba, por lo que debes poder entrenarte todos los días. Además, tienes que ser curiosa, emprendedora y tienes que saber divertirte incluso mirando una pared negra.

Mejor dicho: un universo negro.

Que, eso sí, está siempre salpicado de estrellas.

LA AGENCIA ESPACIAL ESPAÑOLA (AEE)

La AEE, como tal, se creó en 2021 para desarrollar y coordinar la investigación científica en el sector espacial en España.

La ESA ya ha confiado por primera vez a un científico español la coordinación de una nueva misión que tiene como objetivo estudiar la materia oscura existente en el universo, cinco veces más abundante que la materia ordinaria.

Por otro lado, en la NASA ya existe una comunidad consolidada de investigadores hispano-latinos activos en las exploraciones espaciales más avanzadas.

¿Te quieres apuntar?

El entrenamiento de los astronautas

Para poder plantearte la posibilidad de que te envíen al espacio, tendrás que superar una serie de simulaciones y entrenamientos antes del vuelo, además de formación específica en función de tu tarea en la misión. Actualmente, la mayor parte de los entrenamientos de las distintas agencias espaciales se llevan a cabo en el Centro Espacial Johnson, en Estados Unidos. La NASA establece una formación básica de mínimo dos años, que incluye diversas materias como astronomía, mecánica orbital, ciencias de la Tierra, medicina y biología, a la que se suman ejercicios de supervivencia en la selva y en el agua (los rusos los hacen incluso en invierno, con temperaturas polares), además de formación específica sobre vehículos, uso del traje espacial, conocimientos de robótica, el estudio básico de la nave espacial *SpaceX Dragon 2* (que hace de taxi hasta la estación internacional) y cursos de ruso y chino (porque, si bien es cierto que todos nos llevamos bien, por lo menos cuando investigamos en el espacio, si nos entendemos, la cosa es aún mejor).

¡TAXI!

A día de hoy, puedes llegar a la Estación Espacial Internacional a bordo de un *SpaceX Crew Dragon*, una nave de transporte espacial que, con el paso de los años, ha ido perfeccionando su trayecto, reduciendo el tiempo de viaje de 48 a 6 horas de promedio.

Se trata de un vehículo estrecho e incómodo, pero al alcance de todos, que en el futuro también podría transportar a los ciudadanos de a pie que quieran dar una vuelta por el espacio. Los astronautas rusos, en cambio, utilizan los cohetes *Soyuz*.

ENTRENARSE EN LA NASA

CONOCIMIENTO DE LA EEI: ESTUDIO DE LA ESTACIÓN Y PRÁCTICA EN UNA VERSIÓN «COPIA EN TIERRA» CON SIMULACIÓN DE VIBRACIONES, RUIDO Y VISIÓN DURANTE EL ACOPLAMIENTO Y DESEMBARCO.

ENTRENAMIENTO DE VUELO: ENTRENAMIENTO MILITAR EN UN AVIÓN T-38 PARA ENTRENAR REACCIONES RÁPIDAS Y RESISTENCIA A FUERZAS AERODINÁMICAS.

ENTRENAMIENTO PARA AEV: SIMULACIÓN DE ACTIVIDADES EN INGRAVIDEZ, DENTRO DE LA PISCINA MÁS GRANDE DEL MUNDO (10 HORAS POR CADA HORA QUE DEBAN ESTAR EN EL ESPACIO).

SUPERVIVENCIA: TRES DÍAS EN LA SELVA CON UNA META QUE ALCANZAR Y MUY POCO EQUIPO.

VUELOS PARABÓLICOS: VUELOS «COMETA VÓMITO» EN AVIONES EN CAÍDA LIBRE DURANTE 20 SEGUNDOS, 40 VECES CONSECUTIVAS, PARA PREPARARSE PARA EL MAREO QUE SE SIENTE AL INICIO DE UN VUELO ESPACIAL REAL.

Arquitectos lunares

Si estamos pensando seriamente en mudarnos a la Luna y Marte, necesitaremos casas, ¿verdad?

Por eso estamos diseñando unas viviendas espaciales que, inicialmente, parece que tengan en cuenta justo lo contrario de lo que hacemos en la Tierra. En efecto, sin gravedad, suelo y techo se convierten en palabras sin sentido y tenemos que pensar en estructuras y materiales diferentes a los de la Tierra. Y necesitamos un diseño completamente nuevo de baños, dormitorios, armarios... ¿Cómo imaginas tu casa espacial?

EL *MOON VILLAGE*

El *Moon Village* es un ambicioso proyecto de la ESA que planea como construir una infraestructura que permita a la comunidad internacional tener una colonia en la luna como base para la exploración espacial, la investigación de nuevos conceptos de vivienda e incluso hoteles para turismo espacial.

¿EN QUÉ SENTIDO «ESTE HOTEL NO TIENE SUFICIENTES ESTRELLAS»?

Excursiones espaciales

Del 2001 al 2009, siete «turistas» pasaron unos días en la Estación Espacial Internacional, pagando una suma astronómica por su billete (unos 20 millones de dólares cada uno). Y por primera vez, en 2021, la misión Inspiration 4 puso en órbita a cuatro civiles en la nave espacial *SpaceX Crew Dragon*, propiedad del magnate Elon Musk. Completaron 15 órbitas alrededor de la Tierra, tomaron muchas fotografías, tocaron el ukelele y llamaron por teléfono a los niños del hospital St. Jude, quienes les preguntaron si hay vacas en la Luna (¡es cierto!). Al final, amerizaron. Ya sabes, las aeronaves espaciales «aterrizan» pero en el mar y, por tanto, «amerizan».

Las agencias espaciales, y sobre todo las empresas privadas, están compitiendo por la idea de llevar turistas para que pasen «realmente» su luna de miel allí arriba, y no solo para que echen un vistazo por encima de la atmósfera. Esto es lo que hizo Jeff Bezos, el multimillonario que fundó Amazon y propietario de Blue Origin, empresa que ofrece a civiles la experiencia de viajes suborbitales. Estos vuelos suben a más de 100 km de altura, lo que se considera el límite entre la atmósfera y el espacio, su duración es unos 10 minutos. ¿Y cuánto cuesta el viajecito? Muchísimo. Entre un cuarto y medio millón de dólares.

¿Y tú? Como nosotros, ¿te mueres de ganas de dar un agradable paseo entre las estrellas?

¡SALUDOS
Y HASTA LA VISTA!

Pues nada, hemos llegado al final, que también es el principio de todo. Tienes la suerte de vivir en los años en los que las estrellas realmente empiezan a hablarnos.

En una lengua que apenas estamos empezando a entender.

Gran parte del universo es un misterio: desconocemos la naturaleza de la materia oscura, descubierta en 1974 por Vera Cooper Rubin y que representa la gran mayoría de la materia presente en el universo. Es como decir que no sabemos por qué un desierto está hecho de arena y, el mar, de agua salada. De hecho, ni siquiera sabemos exactamente si una es arena y, la otra, agua salada. Y lo mismo ocurre con la energía «oscura»: sabemos que existe, pero no la vemos, y no tenemos nada «claro» (¡menudo chiste!) por qué «impulsa» al universo a expandirse. ¿Para ir a dónde?

Otro misterio.

Entonces, ¿a dónde iremos?

Y, sobre todo, ¿sabremos ir allí y planificar nuestro camino juntos, con un ejército de personas expertas en los campos de la física, la astrofísica y la física de partículas, que no entrarán en guerra entre ellas?

Sin exagerar con el optimismo, te diríamos que la respuesta es que sí, que lo conseguiremos. Y que la mejor respuesta para tu futuro está en tu pasado: tus antepasados demostraron que eran capaces de colaborar y dejar de lado los intereses personales para perseguir lo que pensaban que era un bien superior. Hoy, como entonces, hay muchas ideas y muchas divisiones, pero realmente hay pocas cosas más grandes e importantes que nuestro planeta y la posibilidad de seguir viviendo en este universo. La película *No mires arriba* nos hace reflexionar sobre esta pregunta: ¿qué estaríamos dispuestos a hacer realmente si tuviéramos que enfrentarnos al peligro de un asteroide a punto de destruir la Tierra? La película ofrece su propia solución. Nosotros, quizá, habríamos dado otra: estamos convencidos de que podemos diseñar mejores empresas que las que hoy son las industrias más importantes del planeta. Empresas que no necesariamente necesitan un objeto físico para poder funcionar.

Sino más bien algo que debes ser capaz de imaginar.

Como conectar los puntos de las estrellas...

Y transformarlos en constelaciones, nombres, historias. Y muuuuy buen viaje, amigos.

ENCICLOPEDIA JUVENIL PARA MENTES CURIOSAS

Otros libros de la colección:

- ¿DE QUÉ ESTÁ HECHO EL MUNDO?
  — LA MATERIA

- ¿CUÁL ES EL VALOR DE LAS COSAS?
  — LA ECONOMÍA

- ¿QUÉ TENEMOS EN LA CABEZA?
  — EL CEREBRO